U0926134

总顾问：王汉斌
总主编：沈德咏

务工人员权益保护

主　编：刘玉民
撰　稿：靖　杭　李长友 等

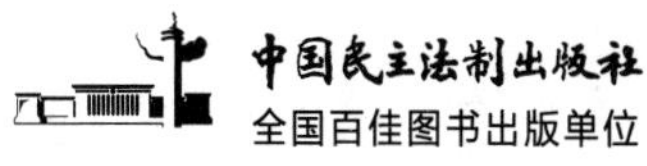

2015 · 北京

图书在版编目(CIP)数据

务工人员权益保护 / 刘玉民主编. —北京: 中国民主法制出版社, 2015.1

(中华人民共和国重要法律知识宣讲)

ISBN 978-7-5162-0656-0

Ⅰ. ①务… Ⅱ. ①刘… Ⅲ. ①劳动法 - 基本知识 - 中国 Ⅳ. ①D922.5

中国版本图书馆 CIP 数据核字(2014)第 266459 号

图书出品人:肖启明
图 书 策 划:刘海涛
责 任 编 辑:陈　曦

书　名/务工人员权益保护
主　编/刘玉民
撰　稿/靖　杭　李长友 等

出 版 · 发 行/中国民主法制出版社
地 址/北京市丰台区玉林里 7 号(100069)
电 话/63055259(总编室)　63057714(发行部)
传 真/63055259
http://www.npcpub.com
E-mail:mzfz@npcpub.com
经 销/新华书店
开 本/16 开　710 毫米 × 1000 毫米
印 张/14　**字数**/186 千字
版 本/2015 年 1 月第 1 版　2015 年 1 月第 1 次印刷
印 刷/航远印刷有限公司

书 号/ISBN 978-7-5162-0656-0
定 价/28.00 元

总　序

落实依法治国基本方略
加快建设社会主义法治国家

依法治国，是坚持和发展中国特色社会主义的本质要求和重要保障，是实现国家治理体系和治理能力现代化的必然要求，事关我们党执政兴国、事关人民幸福安康、事关党和国家长治久安。2012年12月4日，习近平总书记在首都各界纪念现行宪法公布施行三十周年大会上的重要讲话指出，要落实依法治国基本方略，加快建设社会主义法治国家，强调要以宪法为最高法律规范，继续完善以宪法为统帅的中国特色社会主义法律体系，把国家各项事业和各项工作纳入法制轨道，实行有法可依、有法必依、执法必严、违法必究，维护社会公平正义，实现国家和社会生活制度化、法制化。2013年11月，党的十八届三中全会通过《中共中央关于全面深化改革若干重大问题的决定》，确立了推进法治中国建设的总体目标，对加快建设社会主义法治国家作了全面部署，要求必须坚持依法治国、依法执政、依法行政共同推进，坚持法治国家、法治政府、法治社会一体建设。同时要求全面深化司法体制改革，加快建设公正高效权威的社会主义司法制度，维护人民权益，让人民群众在每一个司法案件中都感受到公平正义。2014 年 10 月，党的十八届四中全会专题研究了全面推进依法治国的若干重大问题，必将为法治中国建设不断注入强劲动力。

以习近平同志为总书记的新一届中央领导集体将依法治国提到了前所未有的高度，进一步表明了党中央全面推进依法治国、走中国特色法治化道路的坚定决心和信心。全面推进依法治国，必须全面推进科学立法、严格执法、公正司法、全民守法进程，确保宪法法律得到一体遵循。新中国成立以来特别是改革开放三十多年来，党带领人民坚持不懈加强立法工作，取得了举世瞩目的成就，一个立足中国国情和实际、适应改革开放和社会主义现代化建设需要、集中体现党和人民意志的，以宪法为统帅，以宪法相关法、民法商法等多个法律部门的法律为主干，由法律、行政法规、地方性法规等多个层次的法律规范构成的中国特色社会主义法律体系已经形成，国家经济建设、政治建设、文化建设、社会建设以及生态文明建设的各个方面总体实现了有法可依，为实现全面建成小康社会宏伟目标奠定了坚实的法律基础。

法律的生命力在于实施。新的历史条件下，确保宪法法律实施的任务越来越重，严格执法、公正司法的要求越来越高，维护社会公平正义的责任越来越大。法律要发挥作用、得到全面实施，就需要全社会尊重和信仰法律。2014 年 1 月 7 日，习近平总书记在中央政法工作会议上的重要讲话强调，要深入开展法制宣传教育，弘扬社会主义法治精神，引导群众遇事找法、解决问题靠法，逐步改变社会上那种遇事不是找法而是找人的现象。认真贯彻习近平总书记重要讲话精神，必须大力加强法制宣传教育，不断探索法律知识教育传播的新途径，为确保法律正确实施，确保严格执法、公正司法、全民守法作出积极贡献。

中国民主法制出版社作为国家级法律专业出版社，始终秉持“立足人大工作，服务民主法制”的出版宗旨，不断推出高质量的图书产品，积极宣传宪法法律和人民代表大会制度，为社会主义民主法制建设作出了重要贡献。为认真贯彻落实习近平总书记系列重要讲话精神特别是关于法治建设的重要论述，积极推进依法治国进程，中国民主法制出版社经过反复研究论证，决定推出《中华人民共和国重要法律知识宣讲》丛书。

该套丛书采取宣讲要点、典型案例、专家评析、法条指引的形式，紧紧围绕法治建设的重点、群众关注的焦点、社会关注的热点、司法实践的难点问题，对法律规定、法律原则、法律精神及其应用问题进行全面阐释。该丛书涵盖中国特色社会主义法律体系方方面面，全面收录各类法律法规，同时筛选了涉及经济、政治、文化、社会和生态文明建设的各类典型案例，清晰展现执法司法工作的生动实践，具有很强的实用性和操作性，对于法学研究和司法实务具有较好的参考价值。

该丛书的出版有助于广大司法实务工作者准确把握法律应用方面的最新情况，解决实际工作中存在的司法疑难问题；有助于广大法律工作者进一步优化知识结构，丰富相关法律知识储备，提高司法工作水平；有助于公民了解最新的法律规定，掌握多样的权利救济途径，依照法定程序理性表达诉求、维护合法权益。诚然，中国特色社会主义建设的实践是永无止境的，立法亦必将随之而不断丰富和完善。丛书出版后，还应当结合最新的立法动态和执法、司法实践，及时进行修订完善和内容更新，确保读者及时、准确掌握最新法律信息，使丛书的社会应用价值不断提升，为社会公众提供更加全面的法律知识信息服务。

全面建成小康社会、实现中华民族伟大复兴的中国梦，必须全面推进依法治国。落实依法治国基本方略，必须不断提高全社会的法律应用水平。出版这套丛书，就是为了有效传播法律知识，弘扬社会主义法治精神，让宪法和法律真正做到家喻户晓，使广大公务人员善于运用法治思维和法治方式推动工作，带头在宪法法律范围内活动，使执法司法工作人员始终坚持严格执法、公正司法，不断提升执法司法能力，使广大人民群众牢固树立法制观念、规则意识，充分相信法律、自觉运用法律、紧紧依靠法律，真正认识到法律不仅是全体公民必须遵循的行为规范，更是保护自身权利的有效方式，促进全社会形成学法、尊法、守法、用法的良好氛围。本套丛书的出版凝聚着编者的心血，衷心期待这套丛书能够实现其出版初衷。

是为序。

最高人民法院常务副院长 沈德咏*

* 沈德咏，一级大法官，中国政法大学兼职教授、博士生导师。

编写说明

农民工是我国经济社会转型时期形成的特殊群体。这支作为改革开放和工业化、城镇化进程中涌现出的新型的劳动力大军，为城市创造了巨大的物质财富，为城市繁荣、农村发展和国家现代化建设作出了重大贡献，成为推动社会进步、加速经济发展的一支重要力量。这些特殊的劳动者——农民工，他们的劳动应当得到合理的回报，他们的权益应当得到有效的维护，他们的人身健康和生命安全应当得到可靠的保证。

然而，在现实生活中，许多农民工付出了辛勤劳动和汗水，他们的合法权益却经常受到侵害，长期被拖欠劳动报酬，随意被延长工作时间，不能享有工伤待遇……究其主要原因有二：一是农民工法制意识淡薄，不了解保护自身合法权益的相关法律法规；二是农民工在权益被侵犯时，虽然有维权的意识，但不知道应该采取哪些具体行动。在这样的情况下，他们最需要的是得到更多更好的维护权益方面的法律知识。

本书是《中华人民共和国重要法律知识宣讲》丛书的组成部分，重点宣讲劳动法、劳动合同法、劳动争议调解仲裁法、《工伤保险条例》以及《最高人民法院关于审理劳动争议案件适用法律若干问题的解释》等法律法规和司法解释。在编辑的过程中，我们始终坚持把维护农民工的合法权益放在首位，结合我国的劳动法律法规与司法实践，对农民工权益进行了系统的分类与阐述。本书有以下几个特点：

一、结构合理，体例统一。以劳动法的篇章结构为基础，结合其他劳动法律法规，将有关农民工权益保护的问题分为“就业”“劳动合同及劳动关系”“工资”“工时与休假”“劳动保护”和“劳动争议处理”六个部分。所有部分均严格地遵循统一体例，注重理论与实践相结合，使广大读者在阅读的过程中能够有所收获。

二、形式独特，实用性强。本书区别于其他普法书籍的特色是用典型鲜活的案例来诠释农民工维权过程中可能遇到的各种问题，结合相关劳动法律法规，加以准确完整的回答与解释，覆盖面广，针对性强，非常有利于读者结合自身实际来查阅相关内容，指导读者实际的维权行动。

三、深入浅出，通俗易懂。为适应不同的读者群的需要，在编写典型案例时，力求兼顾不同层次的读者，做到“专业性”与“大众性”相统一。通过阅读本书，既能引起理论研究和司法实务的专业人士的思考，也能满足普通读者学法和用法，增强法律意识和维权本领的需要。

四、内容丰富，举例典型。本书编选的都是具有一定代表性的案例，反映出农民工权益保护中的具有典型性的问题，尤其能够引起人们的重视。全书涉及了农民工权益保护和劳动法律法规的方方面面，全面系统，为农民工维护自身合法权益和司法、立法实践提供了有益的借鉴和广泛的参考。

作为一本主要为农民工群体编写的维权普法丛书，作者本着为农民工解决实际问题的宗旨，力求在现行劳动法律法规的框架内，为农民工提供权益保护的有效帮助。本书由刘玉民担任主编，靖杭、李长友等参与撰稿。希望通过阅读本书，让广大农民工朋友不仅可以掌握丰富的法律知识，还能够学会维护权益的各种方法，在面对各种不法侵害时能够据理力争，拿起法律武器捍卫自己的合法权益。

编著者

2014 年 11 月

CONTENTS

目录

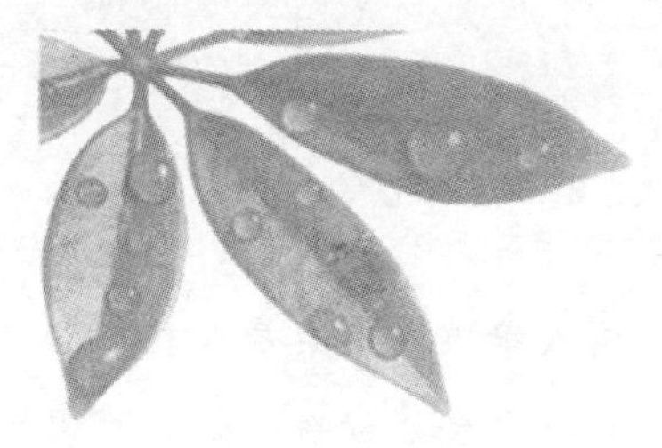

第一章 农民工如何签订劳动合同

▶ 1. 农民工有权订立劳动合同吗?

【宣讲要点】

劳动合同是劳动者与用人单位确立劳动关系、明确双方权利和义务的协议。建立劳动关系应当订立劳动合同。所有用人单位与职工全面实行劳动合同制度,用人单位各类职工享有的权利是一样的。农民工当然有权与用人单位订立劳动合同。

【典型案例】

张某,男,1971 年 6 月生,系某大学的成教毕业生。由于他不属于国家教委统一计划的普招生,因此毕业后,他的户口还是属于农村户口。但他工作努力,积极上进,多次受聘于几家公司。他也曾多次跳槽,跳槽的原因其实都归结为:由于没有与用人单位签订合同,正当权益得不到保护。1998 年 1 月,张某应聘到某公司工作,张某觉得该公司的待遇不错,很想长期在此工作。于是,张某吸取以前的教训,在工作期间多次要求与公司签订劳动合同,以明确双方的权利义务关系,但公司每次都以他是农村户口为由不同意与张某签订劳动合同。张某很气愤,觉得公司这样做侵害了自己的合法权益。

【专家评析】

劳动法实施后，所有用人单位与职工全面实行劳动合同制度，各类职工在用人单位享有的权利是一样的。本案中，用人单位以张某是农村户口为由不与张某签订劳动合同是违法的，侵害了张某的合法权益，张某可以依法要求该公司签订劳动合同。企业有劳动争议调解委员会的，也可以向调解委员会申请调解解决。通过以上两种途径都不能解决的，张某可以向当地劳动保障部门的劳动监察机构投诉，劳动监察机构将会责令企业限期改正，如果该公司就此解除与张某的劳动关系，张某可就此事在发生争议之日起60日内向当地劳动争议仲裁委员会申请仲裁。如对仲裁裁决不服，可以自收到仲裁裁决书之日起15日内向人民法院提起诉讼。

【法条指引】

中华人民共和国劳动法

第十六条 劳动合同是劳动者与用人单位确立劳动关系、明确双方权利和义务的协议。

建立劳动关系应当订立劳动合同。

▶ 2. "临时工"也要签劳动合同吗?

【宣讲要点】

我国劳动法实施后，所有用人单位与职工全面实行劳动合同制度，用人单位各类职工享有的权利是一样的，过去意义上相对于正式工而言的临时工已经不复存在，用人单位在临时性岗位上用工，应当与其签订劳动合同并依法为其建立各种社会保险，使其享有有关的福利待遇，但在劳动合同期限上可以有所区别。

【典型案例】

刘某职高毕业后从农村来到某市找工作，在人才招聘会上他发现某企业招聘的职位自己能够胜任，于是他赶紧询问有关情况。企业负责招聘的人员告诉他，他所应聘的职位是临时性的，想干可以，但只能干到夏季结束，一共只有三四个月的时间。刘某想想就同意了，到企业上班不久，他发现企业跟自己没有签订劳动合同，也没给自己缴纳养老保险费，便找到企业人事部门询问原因。人事部门答复他，因为他是临时工，所以不用签劳动合同，本企业只跟正式工签劳动合同，按企业的规定，临时工不享受社会保险待遇。刘某感到十分困惑。

【专家评析】

劳动法实施后，所有用人单位与职工全面实行劳动合同制度，各类职工在用人单位享有的权利是平等的，过去意义上相对于正式工而言的临时工名称已经不复存在，用人单位如在临时性岗位上用工，应当与劳动者签订劳动合同并依法为其建立各种社会保险，使其享有有关的福利待遇，但在劳动合同期限上可以有所区别。本案中，企业以刘某是临时工为理由，不跟他签订劳动合同，不为其缴纳养老保险金的做法是错误的。刘某可以向当地劳动保障部门投诉，如果企业就此解除与刘某的劳动关系，刘某可就此事在发生争议之日起60日内向当地劳动争议仲裁委员会申请仲裁。如对仲裁裁决不服，可以自收到仲裁裁决书之日起15日内向人民法院提起诉讼。

【法条指引】

中华人民共和国劳动法

第十六条　劳动合同是劳动者与用人单位确立劳动关系、明确双方权利和义务的协议。

建立劳动关系应当订立劳动合同。

原劳动部办公厅对《关于临时工等问题的请示》复函

一、关于是否保留"临时工"的提法问题。《劳动法》施行后，所有用人单位与职工全面实行劳动合同制度，各类职工在用人单位享有的权利是平等的。因此，过去意义上相对于正式工而言的临时工名称已经不复存在。用人单位如在临时性岗位上用工，应当与劳动者签订劳动合同并依法为其建立各种社会保险，使其享有有关的福利待遇，但在劳动合同期限上可以有所区别。

……

▶ 3. 口头订立的劳动合同有效力吗?

【宣讲要点】

劳动合同应当以书面形式订立。在中国境内的企业、个体经济组织与劳动者之间，只要形成劳动关系，即劳动者事实上已成为企业、个体经济组织的成员，并为其提供有偿劳动，就适用合同法。

【典型案例】

吴某是某村村民，觉得在家干农活挣不到钱，1999 年 3 月 1 日他托人找到某建筑公司并成为该建筑公司的一名建筑小工。由于是朋友介绍的，双方也就没有签订书面的劳动合同，只是口头讲定了工资、奖金、合同期限等问题。2000 年冬季，由于建筑公司业务减少，建筑公司就把吴某的工资由每月 800 元降为 600 元，吴某不同意，建筑公司干脆以双方签订的是口头合同无效为由不再让吴某上班，于是双方发生纠纷。吴某到劳动争议仲裁委员会申请仲裁。

【专家评析】

这是一起劳动合同订立形式的案件，依据法律规定，吴某与建筑公司所签订的口头劳动合同不具有法律效力，双方的关系应该按事实劳动关系处理，建筑公司不能降低吴某的工资，同时应与吴某平等协商签订书面的劳动合同。吴某与建筑公司所签订的劳动合同采用了口头形式，根据我国劳动法的规定该合同是没有法律约束力的。但是由于吴某已经在建筑公司实际工作了一年多，双方已经形成了事实劳动关系，应该适用劳动法的规定。

事实劳动关系是指双方未订立书面劳动合同或不存在合法有效的书面劳动合同，而客观存在劳动关系的状态。导致事实劳动关系的原因是多方面的，既有劳资双方均缺乏订立合同法律意识的情况，亦有用人单位为规避缴纳社会保险等法律义务而故意不签订或拖延签订劳动合同的情况，也存在因原有书面劳动合同到期未及时续签等情况。依据劳动合同法的相关规定，劳动关系的确立以是否实际用工为标准，并不以是否签订劳动合同为标准。故在双方未签订书面劳动合同或所签订的书面劳动合同无效的情形下，只要用人单位实际用工，双方之间即存在事实劳动关系。鉴于事实劳动关系无法通过书面劳动合同等直接有效的证据予以确认，故在实践中通常通过工资支付记录、社会保险缴纳记录、考勤记录等凭证综合进行判断。这里需要强调的是，确认劳动关系需要同时具备以下几个条件：第一，劳动者与用人单位双方均具有法律规定的主体资格；第二，用人单位招用劳动者，劳动者在用人单位的管理、指挥、监督下劳动，且其劳动归属于用人单位业务组成部分，即劳动者已经成为用人单位组织的成员；第三，用人单位向劳动者支付劳动报酬，即劳动者的劳动具有有偿性。而在无书面劳动合同的情形下，对诉争双方之间是否存在上述法律关系作出判断，可借助工资支付凭证、社保缴纳记录等凭证。除上述法律规定列举的凭证外，劳动者获得的由用人单位颁发的证书、奖状、用人单位为其出具的委托书、其代表用人单位签署的合同等凭证，以及能显示与用人单位关联的劳动成果等亦可作为综合考量双方是否存在劳动关系的依据。

【法条指引】

中华人民共和国劳动法

第十九条 劳动合同应当以书面形式订立，并具备以下条款：

（一）劳动合同期限；

（二）工作内容；

（三）劳动保护和劳动条件；

（四）劳动报酬；

（五）劳动纪律；

（六）劳动合同终止的条件；

（七）违反劳动合同的责任。

劳动合同除前款规定的必备条款外，当事人可以协商约定其他内容。

中华人民共和国劳动合同法

第十条 建立劳动关系，应当订立书面劳动合同。

已建立劳动关系，未同时订立书面劳动合同的，应当自用工之日起一个月内订立书面劳动合同。

用人单位与劳动者在用工前订立劳动合同的，劳动关系自用工之日起建立。

▶ 4. 用人单位与农民工就试用期所作的口头约定是否有效?

【宣讲要点】

试用期，是指用人单位与劳动者为相互了解而约定的考察期限。试用期应当包含在劳动合同之内。试用期条款只适用于初次就业或者再就业时改变劳动岗位或工种的劳动者，在同一用人单位，如果劳动者的工作岗位没有发生变化，则试用期只能有一次。

【典型案例】

农民工贾某自2007年3月19日起在某网络公司工作，双方未签订劳动合同，但口头约定贾某任销售经理一职，试用期为3个月，试用期每月工资标准为3000元，转正后每月工资标准为5000元。网络公司按每月3000元标准支付了贾某工资。2007年6月18日，网络公司因业务方向调整而与贾某解除劳动关系，未向其支付经济补偿金。贾某认为网络公司应按正式职工的标准向自己足额支付工资并应支付经济补偿金。于是向某区劳动争议仲裁委员会提起申诉，请求裁定网络公司补发贾某2007年3月19日至6月18日期间的工资6000元和支付解除劳动合同关系的经济补偿金8000元。某网络公司同意向贾某支付解除劳动合同关系的经济补偿金，但不同意按正式职工的标准补发贾某工资。

【专家评析】

试用期，是指用人单位与劳动者为相互了解而约定的考察期限。试用期具有两个特点：一是劳动关系处于不稳定的状态。劳动者和用人单位中的任何一方都有可能随时提出解除劳动关系。用人单位招收劳动者，特别是对新录用的劳动者，虽然经过考察，但对一个人的能力、品德等方面的全面了解，往往不能通过一次考察全部做到。因此，对于一些重要岗位上的劳动者，用人单位为了进一步在工作实践中考察劳动者的能力，往往与劳动者约定一定的试用期。这样也就形成了双方在试用期间的相互考察，双方在试用期间或试用期满后都有可能解除劳动合同。二是试用期约定的限制。劳动法第21条规定："劳动合同可以约定试用期。试用期最长不得超过六个月。"劳动合同法第19条第1款规定："劳动合同期限三个月以上不满一年的，试用期不得超过一个月；劳动合同期限一年以上不满三年的，试用期不得超过二个月；三年以上固定期限和无固定期限的劳动合同，试用期不得超过六个月。"试用期应当包含在劳动合同之内。试用期条款只适用于初次就业或者再就业时改变劳动岗位或工种的劳动者，在同一用人单位，如果劳动者的工作岗位没有发生变化，则试用期只能有一次。

有关试用期的约定在以下情形下无效：一是反复约定试用期的无效。劳动合同法第19条第2款规定："同一用人单位与同一劳动者只能约定一次试用期。"初次就业试用期条款只适用于初次就业或者再就业时改变劳动岗位或工种的劳动者，因此，用人单位对工作岗位没有发生变化的同一劳动者只能试用一次，那种与劳动者续订劳动合同时以重新约定试用期为由，降低劳动者工资待遇的做法因违法而属于无效行为。二是未订立正式劳动合同的试用期合同无效。劳动合同法第7条规定："用人单位自用工之日起即与劳动者建立劳动关系。用人单位应当建立职工名册备查。"第10条规定："建立劳动关系，应当订立书面劳动合同。""已建立劳动关系，未同时订立书面劳动合同的，应当自用工之日起一个月内订立书面劳动合同。""用人单位与劳动者在用工前订立劳动合同的，劳动关系自用工之日起建立。"第19条第3、4款规定："以完成一定工作任务为期限的劳动合同或者劳动合同期限不满三个月的，不得约定试用期。""试用期包含在劳动合同期限内。劳动合同仅约定试用期的，试用期不成立，该期限为劳动合同期限。"有的用人单位为达到不与劳动者订立劳动合同的目的，仅仅和劳动者约定试用期或者仅仅订立试用期合同，而不与劳动者订立正式的劳动合同。用人单位聘用劳动者不签订劳动合同是违反法律规定的，订立劳动合同又是约定试用期的前提条件，用人单位与劳动者单独签订试用期合同，其所约定的试用期无效，这个期限应视为劳动合同的期限。本案中，某网络公司未与贾某签订正式的劳动合同，双方之间只有口头约定的期限、试用期工资、期满工资，对于此种没有签订正式劳动合同的试用期合同，应当认定为无效。三是设定超长试用期的行为无效。劳动合同法第19条第1款规定："劳动合同期限三个月以上不满一年的，试用期不得超过一个月；劳动合同期限一年以上不满三年的，试用期不得超过二个月；三年以上固定期限和无固定期限的劳动合同，试用期不得超过六个月。"

因此，在劳动合同法正式实施后，本案中贾某在某网络公司工作，网络公司应与贾某签订劳动合同。双方未签订书面劳动合同违反了法律规定。某网络公司应采用变更劳动合同的期限，或者按照约定的转正工资标准支付工资的办法来处理。同时，网络公司因业务方向调整单方决定与贾某解除劳动关系，则贾某享有向网络公司要求支付经济补偿金的权利。某网络公司应按双方约定的转正工资标准支付解除劳动合同关系的经济补偿金。

【法条指引】

中华人民共和国劳动合同法

第十条　建立劳动关系，应当订立书面劳动合同。

已建立劳动关系，未同时订立书面劳动合同的，应当自用工之日起一个月内订立书面劳动合同。

用人单位与劳动者在用工前订立劳动合同的，劳动关系自用工之日起建立。

第十九条　劳动合同期限三个月以上不满一年的，试用期不得超过一个月；劳动合同期限一年以上不满三年的，试用期不得超过二个月；三年以上固定期限和无固定期限的劳动合同，试用期不得超过六个月。

同一用人单位与同一劳动者只能约定一次试用期。

以完成一定工作任务为期限的劳动合同或者劳动合同期限不满三个月的，不得约定试用期。

试用期包含在劳动合同期限内。劳动合同仅约定试用期的，试用期不成立，该期限为劳动合同期限。

▶ 5. 设立中的公司与劳动者之间建立的是劳动关系吗？

【宣讲要点】

我国法律未就设立中的公司的用工行为作出禁止性规定，亦未对设立阶段的公司与所招用的劳动者之间法律关系的性质作出直接和明确的规定。但因设立的公司尚未办理营业执照，不具备独立承担民事责任的主体资格，亦不具备劳动法中所规定的用人单位的主体资格，故应认定双方之间在上述期间并不存在劳动关系。一旦发生争议，应将用人单位或者出资人列为当事人，双方之间的法律关系一般按劳务关系处理。待公司的设立行为完成，取得营业执照，则其所招用劳动者之间的法律关系自然转变为劳动关系的性质，双方之间的权利义务受劳动法律调整。

【典型案例】

经张某招聘，农民工吴某自2009年5月起参与甲公司的设立工作，2010年3月甲公司正式注册成立，张某任该公司法定代表人。2010年4月，双方签订了3年期劳动合同。2012年8月，甲公司因内部机构变动欲对吴某工作岗位进行调整，吴某不同意公司关于岗位的调整决定，甲公司提出解除双方劳动合同，吴某亦表示同意。后双方因离职补偿问题发生争议，吴某提出仲裁申请，要求甲公司支付2009年5月至2012年8月期间的未休年休假工资，并自2009年5月开始计算其本单位工作年限从而核算解除劳动关系经济补偿金。仲裁裁决后，张某不服裁决提起诉讼。人民法院经审理认定，甲公司于2010年3月方注册成立，此前不具备建立劳动合同关系的主体资格，双方之间不存在劳动关系，吴某要求甲公司支付2009年5月至2010年2月期间的未休年休假工资的诉讼请求不予支持，但甲公司应支付成立后至吴某离职期间的未休年休假工资。甲公司提出并与吴某协商一致解除劳动合同，甲公司应当向吴某支付解除劳动关系经济补偿金。但同上文所述理由，解除劳动关系经济补偿金的工作年限应自2010年3月开始起算，算至2012年8月共计2年零5个月，人民法院据此核算了甲公司应向吴某支付的解除劳动关系经济补偿金的数额。

【专家评析】

本案形式上的争议焦点是对甲公司与吴某建立劳动关系的时点的认定，上述问题的实质是设立期间的公司与所招用的劳动者之间所存在的法律关系的性质如何认定。对此有一种观点认为，即便未签订书面劳动合同，但劳动者为设立中的公司提供有偿劳动并接受其管理，且劳动者所提供的劳动是其业务的组成部分，应当认定双方之间存在劳动关系。另一种观点则认为，设立中的公司不具备独立的用工主体资格，其与劳动者之间不能建立劳动法意义上的劳动关系。我们认为，依据《劳动和社会保障部关于确立劳动关系有关事项的通知》规定的确立劳动关系的标准，其中的主体要件要求用人单位和劳动者均符合法律、法规规定的主体资格。设立阶段的公司尚未进行注册登记领取营业执照，并不具备法律上的民事主体资格，更不用说劳动法上的用人单位主体资格，故在此阶段不应认定其与劳动者之间存在劳动关系，而应按劳务关系处理。待公司成立取得用人单位的主体资格后，其与劳动者之间的法律关系则自动“升级”转变为劳动关系。

值得注意的是，在公司设立过程中因筹备所产生的相关权利义务（包括与所招用劳动者之间的权利义务），一旦公司注册成立，一般应由设立后的公司承受；如公司未能注册成立，则应由出资人承受。依据《最高人民法院关于审理劳动争议案件适用法律若干问题的解释（三）》的规定，双方由此发生争议的，应当将用人单位或者其出资人列为当事人。

如上文所述观点，本案中在甲公司的筹备设立阶段，因其不具备法律上的用人单位的主体资格，与吴某之间建立的并非劳动关系。但在此期间吴某为其提供劳务，其为吴某支付报酬，双方之间法律关系的性质符合劳务关系的性质，应认定为劳务关系。劳务关系系平等民事主体之间所建立的法律关系，双方当事人之间的权利义务并不当然适用劳动法律的规定，而是依据双方的协议予以确定。带薪年休假制度以及解除劳动合同经济补偿金制度均系我国劳动法律所规定的法律制度，吴某所主张甲公司注册成立之前的未休年休假工资，因没有双方之间的协议作为依据，无法得到支持。关于解除劳动关系经济补偿金问题，依据劳动合同法的相关规定，用人单位向劳动者提出解除劳动合同并与劳动者协商一致解除劳动合同的，应当向劳动者支付经济补偿；经济补偿按劳动者在本单位工作的年限，每满 1 年支付 1 个月工资的标准支付；月工资是指劳动者在劳动合同解除或终止前 12 个月的平均工资。本案中依据查明的事实，双方解除劳动关系的原因系甲公司与吴某协商一致并由甲公司提出解除劳动合同，故甲公司应当按吴某在本单位的连续工作年限以及其离职前12个月的平均工资支付解除劳动关系的经济补偿。对于吴某在本单位工作年限的核算是本案的另一个争议焦点。但同样因甲公司未注册成立前即筹备期间双方之间不存在劳动关系，双方对劳务关系期间的离职经济补偿问题亦未进行特别的约定，故在计算吴某本单位连续工作年限时，上述期间亦不应计算在内。

【法条指引】

中华人民共和国劳动合同法

第二条　中华人民共和国境内的企业、个体经济组织、民办非企业单位等组织（以下称用人单位）与劳动者建立劳动关系，订立、履行、变更、解除或者终止劳动合同，适用本法。

国家机关、事业单位、社会团体和与其建立劳动关系的劳动者，订立、履行、变更、解除或者终止劳动合同，依照本法执行。

第四十六条　有下列情形之一的，用人单位应当向劳动者支付经济补偿：

（一）劳动者依照本法第三十八条规定解除劳动合同的；

（二）用人单位依照本法第三十六条规定向劳动者提出解除劳动合同并与劳动者协商一致解除劳动合同的；

（三）用人单位依照本法第四十条规定解除劳动合同的；

（四）用人单位依照本法第四十一条第一款规定解除劳动合同的；

（五）除用人单位维持或者提高劳动合同约定条件续订劳动合同，劳动者不同意续订的情形外，依照本法第四十四条第一项规定终止固定期限劳动合同的；

（六）依照本法第四十四条第四项、第五项规定终止劳动合同的；

（七）法律、行政法规规定的其他情形。

第四十七条　经济补偿按劳动者在本单位工作的年限，每满一年支付一个月工资的标准向劳动者支付。六个月以上不满一年的，按一年计算；不满六个月的，向劳动者支付半个月工资的经济补偿。

劳动者月工资高于用人单位所在直辖市、设区的市级人民政府公布的本地区上年度职工月平均工资三倍的，向其支付经济补偿的标准按职工月平均工资三倍的数额支付，向其支付经济补偿的年限最高不超过十二年。

本条所称月工资是指劳动者在劳动合同解除或者终止前十二个月的平均工资。

▶ 6. 用人单位在签订劳动合同时收取抵押金，是否合法?

【宣讲要点】

用人单位在与劳动者订立劳动合同时，不得以任何形式向劳动者收取定金、保证金（物）或抵押金（物）。

【典型案例】

孙某与刘某系职高毕业生，由于二人均为农村生源，因此毕业后他们的户口都属于农村户口。2000 年毕业后，二人相约到县城里去找工作。接连找了几天，都没有成功，不是工作条件恶劣，就是工资低得可怜，或是老板看不起他们，二人感到非常失落。一日，他们在一个招聘信息栏目上看到饭店招聘服务员，试用期 3 个月。他俩觉得自己恰好符合上面写的要求，非常高兴。于是，他们俩都去报名应聘，后被该饭店招聘为服务员。试用期满后，饭店同意与孙某和刘某签订为期 3 年的劳动合同，但要求二人每人先要交 1000 元抵押金方可签订。二人对此提出疑问。饭店则说，这是饭店的规定，你们愿意干就干，不干就走人。二人考虑了很久，想想工作那么难找，加上想为家里减轻负担，迫切需要找份工作。于是被迫交了 1000 元抵押金后才与饭店签订了为期 3 年的劳动合同。

【专家评析】

原劳动部《关于贯彻执行〈中华人民共和国劳动法〉若干问题的意见》第24条规定："用人单位在与劳动者订立劳动合同时，不得以任何形式向劳动者收取定金、保证金（物）或抵押金（物）……"对违反以上规定的，应按有关规定，"由公安部门和劳动行政部门责令用人单位立即退还给劳动者本人。"饭店在签订劳动合同同时收取孙某与刘某的抵押金违反了国家法律的有关规定，应当予以制止。孙某与刘某可以向当地劳动保障部门投诉，如果企业就此解除与二人的劳动合同，二人可在被解除劳动合同之日起60日内向当地劳动争议仲裁委员会申请仲裁。如对仲裁裁决不服，可以自收到仲裁裁决书之日起15日内向人民法院提起诉讼。

【法条指引】

关于贯彻执行《中华人民共和国劳动法》若干问题的意见

24. 用人单位在与劳动者订立劳动合同时，不得以任何形式向劳动者收取定金、保证金（物）或抵押金（物）。对违反以上规定的，应按照劳动部、公安部、全国总工会《关于加强外商投资企业和私营企业劳动管理切实保障职工合法权益的通知》（劳部发〔1994〕118号）和劳动部办公厅《对"关于国有企业和集体所有制企业能否参照执行劳部发〔1994〕118号文件中的有关规定的请示"的复函》（劳办发〔1994〕256号）的规定，由公安部门和劳动行政部门责令用人单位立即退还给劳动者本人。

▶ 7. 劳动合同中约定"工伤概不负责条款"，是否有效?

【宣讲要点】

劳动合同作为劳动者与用人单位之间确立劳动关系、明确双方权利义务的协议，一方面强调劳动关系的双方在订立劳动合同时要经过平等协商，另一方面尤其要保护事实上处于弱势地位的劳动者，作出详尽的规定，以有效维护劳动者的合法权益。

【典型案例】

1999 年 11 月 2 日，陈某包下了一路段的土方工程，随后租用 2 台挖土机并雇用 20 名农民工施工。陈某与农民工在雇佣合同中约定：农民工的报酬为每天 20 元，工伤事故由农民工自负，陈某概不负责。2000 年 3 月 7 日，农民工严某正在挖土时，被山上滚下的巨石砸伤左腿。陈某当即叫来两个农民工将严某送至医院，并预付了 500 元医疗费。经医生诊断，严某左腿胫骨粉碎性骨折，于当天入院治疗，至 2000 年 4 月 13 日出院，共用去医疗费 5000 元。其间，严妻多次找陈某追加医疗费，均遭陈某拒绝。严某出院后找陈某，陈某也是如此态度。同年 6 月，严某起诉至法院，请求判决陈某支付 4500 元医疗费并赔偿有关损失。陈某辩称，在与严某签订的雇佣合同中已明确规定工伤事故由农民工自负，自己概不负责，依照合同他对严某的受伤不承担任何责任。

【专家评析】

本案中，陈某与农民工在雇佣合同中约定的“工伤事故由农民工自负，陈某概不负责”的免责条款无效。由于该条款是对造成人身伤害的免责条款，这类约定不利于保护公民人身的健康安全和生命安全，也严重违反社会公德，所以我国法律规定这类免责条款约定无效。订立劳动合同，应当遵循平等自愿、协商一致的原则，不得违反法律、行政法规的规定。劳动合同作为劳动者与用人单位之间确立劳动关系、明确双方权利义务的协议，它与其他合同如民事合同、技术合同等合同一样，具有合同的共性。但劳动合同也有其自身的特殊性。在民事法律范畴，注重当事人的自由意志；在劳动合同法律领域，一方面强调劳动关系的双方在订立劳动合同时要经过平等协商，另一方面要保护事实上处于弱势地位的劳动者，作出详尽的规定，以有效维护劳动者的合法权益。因此，劳动合同中有关“工伤概不负责”的条款显然无效。此外，职工在因工伤残的情况下应享受工伤保险待遇，包括医疗、生活保障和经济补偿。劳动者因工负伤的全部医疗费、药费以及就医路费，全部由聘用单位承担。严某受陈某雇佣，在工作中受伤，应属工伤。因此，作为雇主的陈某依法应对严某因伤所受的损失承担赔偿责任。严某有权要求陈某支付医疗费用和赔偿损失。人民法院应对严某的诉讼请求予以支持，判令陈某支付医疗费用并赔偿严某的其他损失。

【法条指引】

中华人民共和国劳动法

第十八条 下列劳动合同无效：

（一）违反法律、行政法规的劳动合同；

（二）采取欺诈、威胁等手段订立的劳动合同。

……

劳动合同的无效，由劳动争议仲裁委员会或者人民法院确认。

中华人民共和国劳动合同法

第二十六条 下列劳动合同无效或者部分无效：

（一）以欺诈、胁迫的手段或者乘人之危，使对方在违背真实意思的情况下订立或者变更劳动合同的；

（二）用人单位免除自己的法定责任、排除劳动者权利的；

（三）违反法律、行政法规强制性规定的。

对劳动合同的无效或者部分无效有争议的，由劳动争议仲裁机构或者人民法院确认。

▶ 8. 在合同中约定农民工不能结婚，是否有效？

【宣讲要点】

婚姻自由是宪法赋予公民的基本权利。依据我国婚姻法的规定，男女双方只要符合法律规定，出于自愿，就有结婚的权利，可以建立夫妻关系。任何组织和个人都不能干涉公民的婚姻自由。依据劳动合同法的规定，违反法律、行政法规强制性规定的劳动合同无效或者部分无效。

【典型案例】

2006年5月15日，某酒店为了拓展业务，公开招聘礼仪小姐。农民工陈某凭借自己出色的表现，应聘成功。同年5月25日，陈某与酒店签订了为期5年的劳动合同，合同约定："凡与本酒店签订劳动合同的礼仪小姐，在合同约定的期限内不得结婚。否则，按违约处理，要向对方缴纳3000元的违约金。"当时陈某还不到结婚年龄，所以未加考虑就签订了劳动合同。但是，到了2007年2月，已满结婚年龄的陈某因男友所在企业正分房子，为了能分到住房，陈某与男友举行了婚礼。某酒店得知陈某结婚，并怀有身孕的消息后，以陈某违背劳动合同的约定为由，于2007年6月提出解除与陈某的劳动合同，并要求陈某缴纳3000元违约金。陈某认为酒店禁止员工结婚的规定侵犯了自己的婚姻自由，酒店让其缴纳3000元违约金不合法。因此，向当地劳动争议仲裁委员会申请仲裁，请求裁定撤销酒店的决定。

【专家评析】

本案中，用人单位某酒店与劳动者陈某签订劳动合同时，约定凡与本酒店签订劳动合同的礼仪小姐，在合同期间，未经本店允许，不得结婚。从实质上看，酒店的这种做法干涉了陈某的婚姻自由，是违反法律规定的。尽管在订立劳动合同时，陈某也同意了该项条款。但是，依据劳动合同法第26条"下列劳动合同无效或者部分无效：……（三）违反法律、行政法规强制性规定的……"的规定，该条款因违背法律规定而不具备法律效力，对双方都没有约束力。另外，从劳动合同的订立来看，在本案中，酒店在订立劳动合同时，违背了平等、自愿的原则。劳动合同法第3条第1款规定："订立劳动合同，应当遵循合法、公平、平等自愿、协商一致、诚实信用的原则。"第25条规定："除本法第二十二条和第二十三条规定的情形外，用人单位不得与劳动者约定由劳动者承担违约金。"该法第22条规定的劳动者违反服务期约定的内容、第23条规定的有关竞业限制的内容，本案中所发生的事实不在其列。同时，酒店在签订劳动合同时，利用自己的优势地位，附加不合理条款。陈某不明情况，只能被动地接受该项条款，对陈某来说，显然是极不公平的。酒店以陈某违背劳动合同为由，要求陈某缴纳3000元的违约金，仅仅从自己的利益考虑，不仅违背了法律的规定，而且严重侵害了劳动者的合法权益。因此，当地劳动争议仲裁委员会应当裁定支持陈某的仲裁请求，依法撤销酒店解除劳动合同的决定。

【法条指引】

中华人民共和国劳动合同法

第二十六条 下列劳动合同无效或者部分无效：

（一）以欺诈、胁迫的手段或者乘人之危，使对方在违背真实意思的情况下订立或者变更劳动合同的；

（二）用人单位免除自己的法定责任、排除劳动者权利的；

（三）违反法律、行政法规强制性规定的。

对劳动合同的无效或者部分无效有争议的，由劳动争议仲裁机构或者人民法院确认。

▶ 9. 用人单位与农民工约定“生死条款”，是否具有法律效力?

【宣讲要点】

劳动合同中出现的诸如“劳动中发生的疾病、伤残、死亡，一律由本人自负，用人单位不承担任何责任”的条款，被称为“生死条款”。根据我国相关法律的规定，用人单位免除自己的法定责任、排除劳动者权利的；违反法律、行政法规强制性规定的，劳动合同无效或者部分无效。

【典型案例】

2006年2月24日，农民工陈某来到某压延厂打工，与压延厂签订了一份用工合同，其主要内容为：厂部所有员工都属合同制人员……全厂职工都必须严格按照操作规程安全生产，若发生意外工伤事故，工资发至当日当班，工伤事故严重致残者，一次性发给补助费3000元。2007年4月20日晚11时，陈某在厂里与另一名工人一道抬铁水，当他们将滚烫的铁水从炉内往外倾倒时，四处乱溅的高温铁水突然溅到陈某右眼内，未戴防护面具的陈某顿时惨叫一声，昏倒在地。陈某的右眼伤势严重，尽管医院全力救治，但已无法重见光明。最后，陈某只得同意接受右眼球摘除手术。住院期间，陈某向压延厂借了1200元用于住院治疗。当地劳动鉴定委员会鉴定为“残疾程度五级”。事故发生后，陈某多次要求压延厂给予赔偿，压延厂表示愿意为陈某继续安排工作，在扣除陈某所借的1200元后一次性支付1800元补助金，此后不再承担其他费用。陈某认为压延厂从事的是高度危险的高温作业，在右眼失明的情况下，自己根本不可能继续胜任该厂工作，遂拒绝压延厂安排工作，并要求压延厂直接支付伤残抚恤金等赔偿费。在压延厂没有任何回应的情况下，陈某向劳动争议仲裁委员会提出仲裁申请。

【专家评析】

劳动合同中出现的诸如“劳动中发生的疾病、伤残、死亡，一律由本人自负，用人单位不承担任何责任”的条款，被称之为“生死条款”。“生死条款”源于我国古代的“与人无干、死生自负”的约定。本案中，用人单位压延厂与劳动者陈某所签订劳动合同中的“若发生意外事故，工资发至当日当班，工伤事故严重致残者，一次性发给补助费3000元”的条款，尽管与“一律由本人自负，用人单位不承担任何责任”略有不同，但在性质上基本相同。因此，本案中，双方当事人在劳动合同中对工伤待遇的约定当属“生死条款”一类。对于此类条款，最高人民法院曾针对有的企业在推行经济承包过程中，在承包合同中订立“工伤自理”“工伤概不负责”条款的现象，在〔1988〕民他字第1号司法解释中批复：“这种行为既不符合宪法和有关法律规定，也严重违反社会主义公德，应属无效的民事行为。”原劳动部《关于企业内部个人承包中保险待遇问题的复函》也指出，企业内部承包合同中关于“伤残亡由个人负责”的条款不具有合法性。劳动合同法第3条第1款规定：“订立劳动合同，应当遵循合法、公平、平等自愿、协商一致、诚实信用的原则。”第26条规定：“下列劳动合同无效或者部分无效：（一）以欺诈、胁迫的手段或者乘人之危，使对方在违背真实意思的情况下订立或者变更劳动合同的；（二）用人单位免除自己的法定责任、排除劳动者权利的；（三）违反法律、行政法规强制性规定的。对劳动合同的无效或者部分无效有争议的，由劳动争议仲裁机构或者人民法院确认。”可见，陈某与压延厂在劳动合同中对劳动者因工造成伤害后有关补助标准的约定，明显违反国家法律的有关规定，不应受到法律保护。

国务院《工伤保险条例》第36条规定：“职工因工致残被鉴定为五级、六级伤残的，享受以下待遇：（一）从工伤保险基金按伤残等级支付一次性伤残补助金，标准为：五级伤残为18个月的本人工资，六级伤残为16个月的本人工资；（二）保留与用人单位的劳动关系，由用人单位安排适当工作。难以安排工作的，由用人单位按月发给伤残津贴，标准为：五级伤残为本人工资的70%，六级伤残为本人工资的60%，并由用人单位按照规定为其缴纳应缴纳的各项社会保险费。伤残津贴实际金额低于当地最低工资标准的，由用人单位补足差额。经工伤职工本人提出，该职工可以与用人单位解除或者终止劳动关系，由工伤保险基金支付一次性工伤医疗补助金，由用人单位支付一次性伤残就业补助金。一次性工伤医疗补助金和一次性伤残就业补助金的具体标准由省、自治区、直辖市人民政府规定。”根据上述规定，本案中，原告陈某应当享受下列工伤待遇：从工伤保险基金按伤残等级支付一次性伤残补助金，五级伤残标准为18个月的本人工资；保留原告陈某与用人单位的劳动关系，由用人单位安排适当工作；如果用人单位难以安排陈某工作的，由用人单位按月发给伤残津贴，五级伤残标准为本人工资的70%，并由用人单位按照规定为其缴纳应缴纳的各项社会保险费。伤残津贴实际金额低于当地最低工资标准的，由用人单位补足差额；如果原告陈某本人提出解除劳动合同，可以与用人单位解除或者终止劳动关系，由用人单位支付一次性工伤医疗补助金和伤残就业补助金，具体标准按省、自治区、直辖市人民政府的规定。因此，劳动争议仲裁委员会应当裁定支持陈某的仲裁请求。

【法条指引】

中华人民共和国劳动合同法

第三条第一款　订立劳动合同，应当遵循合法、公平、平等自愿、协商一致、诚实信用的原则。

第二十六条　下列劳动合同无效或者部分无效：

（一）以欺诈、胁迫的手段或者乘人之危，使对方在违背真实意思的情况下订立或者变更劳动合同的；

（二）用人单位免除自己的法定责任、排除劳动者权利的；

（三）违反法律、行政法规强制性规定的。

对劳动合同的无效或者部分无效有争议的，由劳动争议仲裁机构或者人民法院确认。

工伤保险条例

第三十六条　职工因工致残被鉴定为五级、六级伤残的，享受以下待遇：

（一）从工伤保险基金按伤残等级支付一次性伤残补助金，标准为：五级伤残为18个月的本人工资，六级伤残为16个月的本人工资；

（二）保留与用人单位的劳动关系，由用人单位安排适当工作。难以安排工作的，由用人单位按月发给伤残津贴，标准为：五级伤残为本人工资的70%，六级伤残为本人工资的60%，并由用人单位按照规定为其缴纳应缴纳的各项社会保险费。伤残津贴实际金额低于当地最低工资标准的，由用人单位补足差额。

经工伤职工本人提出，该职工可以与用人单位解除或者终止劳动关系，由工伤保险基金支付一次性工伤医疗补助金，由用人单位支付一次性伤残就业补助金。一次性工伤医疗补助金和一次性伤残就业补助金的具体标准由省、自治区、直辖市人民政府规定。

▶ 10. 用人单位与农民工约定“社会保险由劳动者自缴”，是否有效？

【宣讲要点】

我国建立的社会保险制度具有强制性，用人单位必须依法为劳动者缴纳社会保险。用人单位免除自己的法定责任、排除劳动者权利的，违反法律、行政法规强制性规定的，劳动合同无效或者部分无效。

【典型案例】

赵某系外地来京务工人员。2005 年 8 月被甲公司聘为员工。双方签订了劳动合同，约定合同期限自 2005 年 8 月 15 日起至 2007 年 4 月 30 日止，赵某每月工资为 3000 元。社会保险费由赵某自缴。2007 年 4 月 30 日，劳动合同到期，双方没有续订劳动合同。2007 年 5 月 28 日，赵某向当地劳动争议仲裁委员会申请仲裁，要求甲公司支付自己在甲公司工作期间的社会保险费用。

【专家评析】

我国劳动法第 73 条规定：“劳动者在下列情形下，依法享受社会保险待遇：（一）退休；（二）患病、负伤；（三）因工伤残或者患职业病；（四）失业；（五）生育。劳动者死亡后，其遗属依法享受遗属津贴。劳动者享受社会保险待遇的条件和标准由法律、法规规定。劳动者享受的社会保险金必须按时足额支付。”根据《社会保险费征缴暂行条例》第 4 条的规定，缴费单位、缴费个人应当按时足额缴纳社会保险费。上述规定表明我国建立的社会保险制度具有强制性，用人单位必须依法为劳动者缴纳社会保险。用人单位与劳动者之间不能就是否缴费以及缴费的金额和比例问题自行协商来规避法规的明文规定。劳动合同法第 26 条规定：“下列劳动合同无效或者部分无效：（一）以欺诈、胁迫的手段或者乘人之危，使对方在违背真实意思的情况下订立或者变更劳动合同的；（二）用人单位免除自己的法定责任、排除劳动者权利的；（三）违反法律、行政法规强制性规定的。对劳动合同的无效或者部分无效有争议的，由劳动争议仲裁机构或者人民法院确认。”在本案中，甲公司与赵某约定“社会保险费由赵某自缴”显然属于用人单位免除自己的法定责任、排除劳动者的权利，同时也违反国家法律、法规的强制性规定，应当属于无效。因此，劳动争议仲裁委员会应当支持赵某的仲裁申请，裁定甲公司支付赵某的社会保险费用。

【法条指引】

中华人民共和国劳动合同法

第二十六条　下列劳动合同无效或者部分无效：

（一）以欺诈、胁迫的手段或者乘人之危，使对方在违背真实意思的情况下订立或者变更劳动合同的；

（二）用人单位免除自己的法定责任、排除劳动者权利的；

（三）违反法律、行政法规强制性规定的。

对劳动合同的无效或者部分无效有争议的，由劳动争议仲裁机构或者人民法院确认。

中华人民共和国劳动法

第七十三条　劳动者在下列情形下，依法享受社会保险待遇：

（一）退休；

（二）患病、负伤；

（三）因工伤残或者患职业病；

（四）失业；

（五）生育。

劳动者死亡后，其遗属依法享受遗属津贴。劳动者享受社会保险待遇的条件和标准由法律、法规规定。

劳动者享受的社会保险金必须按时足额支付。

▶ 11. 劳动合同约定工程款结清后再支付劳动报酬，是否有效?

【宣讲要点】

以完成一定工作任务为期限的劳动合同，是指用人单位与劳动者约定以某项工作的完成为合同期限的劳动合同。用人单位与劳动者协商一致，可以订立以完成一定工作任务为期限的劳动合同。

【典型案例】

2006 年 8 月，某建筑安装工程公司承接一工程项目，雇用农民工吕某等人去该工程项目工作。双方签订了劳动合同。合同中约定："整个工程施工共支付吕某等人劳动报酬 8 万元，待工程款付清后予以支付。"后某建筑安装工程公司在承建这一工程项目过程中，因撤退部分施工人员，致使工程延期交付，发包单位一直未支付工程款。2007 年 6 月，吕某等人向人民法院起诉，要求撤销与某建筑安装工程公司就支付劳动报酬所附的条件，并依法判决给付拖欠的劳动报酬 8 万元。某建筑安装工程公司辩称，欠款属实，双方所附条件合法有效，因发包单位至今未能结算工程款，双方所附的条件尚未成就，故暂时不能支付吕某等人的劳动报酬。

【专家评析】

劳动合同法第 15 条规定："以完成一定工作任务为期限的劳动合同，是指用人单位与劳动者约定以某项工作的完成为合同期限的劳动合同。用人单位与劳动者协商一致，可以订立以完成一定工作任务为期限的劳动合同。"本案中，某建筑安装工程公司与吕某等人订立的有关完成工程项目的合同即属于这种劳动合同。双方就劳动报酬约定"待工程款付清后予以支付"，属于用人单位某建筑安装工程公司将与第三者发包单位之间的风险责任转嫁于吕某等人。换言之，如果某建筑安装工程公司不能从发包单位结算到工程款，某建筑安装工程公司就可不必再向吕某等人支付劳动报酬，吕某等人的汗水就可能会白流。由此可见双方的利益明显不均衡、不对等，吕某等人的利益取决于某建筑安装工程公司，某建筑安装工程公司具有明显优势，显然有失公平。劳动合同法第26条规定："下列劳动合同无效或者部分无效：……（二）用人单位免除自己的法定责任、排除劳动者权利的……"本案中，某建筑安装工程公司与吕某等人的关于劳动报酬支付时间的约定就应属于无效条款。

另外劳动法第50条规定："工资应当以货币形式按月支付给劳动者本人。不得克扣或者无故拖欠劳动者的工资。"劳动合同法第30条规定："用人单位应当按照劳动合同约定和国家规定，向劳动者及时足额支付劳动报酬。用人单位拖欠或者未足额支付劳动报酬的，劳动者可以依法向当地人民法院申请支付令，人民法院应当依法发出支付令。"因此，在劳动合同法正式实施后，吕某等人可以向人民法院直接申请支付令，要求某建筑安装工程公司支付8万元的劳动报酬。

【法条指引】

中华人民共和国劳动合同法

第十五条　以完成一定工作任务为期限的劳动合同，是指用人单位与劳动者约定以某项工作的完成为合同期限的劳动合同。

用人单位与劳动者协商一致，可以订立以完成一定工作任务为期限的劳动合同。

第二十六条　下列劳动合同无效或者部分无效：

（一）以欺诈、胁迫的手段或者乘人之危，使对方在违背真实意思的情况下订立或者变更劳动合同的；

（二）用人单位免除自己的法定责任、排除劳动者权利的；

（三）违反法律、行政法规强制性规定的。

对劳动合同的无效或者部分无效有争议的，由劳动争议仲裁机构或者人民法院确认。

第三十条 用人单位应当按照劳动合同约定和国家规定，向劳动者及时足额支付劳动报酬。

用人单位拖欠或者未足额支付劳动报酬的，劳动者可以依法向当地人民法院申请支付令，人民法院应当依法发出支付令。

中华人民共和国劳动法

第五十条 工资应当以货币形式按月支付给劳动者本人。不得克扣或者无故拖欠劳动者的工资。

▶ 12. 用人单位代签劳动合同，农民工能否单方面要求解除？

【宣讲要点】

订立劳动合同，应当遵循合法、公平、平等自愿、协商一致、诚实信用的原则。若劳动合同不是双方协商一致的结果，是用人单位某公司以欺诈的手段订立的劳动合同，则劳动合同无效或部分无效。

【典型案例】

2006 年 4 月，农民工林某进入某公司工作，没有签订劳动合同。2006 年 5 月，某公司为每个职员都拟定了一份 3—5 年不等的劳动合同。由于林某是某公司的销售骨干，所以某公司为林某拟定的劳动合同期限为 5 年。林某认为期限太长，拒绝在合同上签字，于是某公司瞒着林某，指示当时林某的上司代替林某在上面签字。2007 年 4 月，林某向某公司递交了书面辞职报告，提出与公司解除劳动关系。2007 年 5 月，某公司没有任何回应。于是林某就不去上班了，并且要求公司结清工资，返还其档案材料。这时，某公司以 2006 年的那份由当时林某的上司代林某签订的劳动合同没有到期为由，拒绝放人，并且要求林某赔偿提前解除合同给某公司造成的损失。双方就此产生争议。

【专家评析】

我国劳动合同法第3条第1款规定："订立劳动合同，应当遵循合法、公平、平等自愿、协商一致、诚实信用的原则。"第26条规定："下列劳动合同无效或者部分无效：（一）以欺诈、胁迫的手段或者乘人之危，使对方在违背真实意思的情况下订立或者变更劳动合同的；（二）用人单位免除自己的法定责任、排除劳动者权利的；（三）违反法律、行政法规强制性规定的。对劳动合同的无效或者部分无效有争议的，由劳动争议仲裁机构或者人民法院确认。"本案是一起典型的由他人代为签订劳动合同引发的劳动争议案件。某公司出示的合同是公司单方面拟定的，林某不同意其中的期限条款，也没有在上面签字，这就证明了该劳动合同不是双方协商一致的结果，是用人单位某公司以欺诈的手段订立的劳动合同，劳动争议仲裁机构或者人民法院应当确认该劳动合同有关合同期限的条款属于无效。劳动合同法第27条规定："劳动合同部分无效，不影响其他部分效力的，其他部分仍然有效。"本案中，虽然某公司代签的劳动合同有关期限的条款无效，但不影响其他条款的效力。某公司应当向劳动者林某支付劳动报酬。劳动合同法第37条规定："劳动者提前三十日以书面形式通知用人单位，可以解除劳动合同……"本案中，林某向公司递交了书面的辞职报告，并且在递交报告之后的一个月之内仍然照常上班，直到一个月后，公司仍然没有回应才停止上班，并两次要求解除劳动合同以及返还个人档案材料。由此可见，林某解除合同的方式完全符合法律的要求，尽管公司不同意，但是双方的劳动关系自林某递交书面辞职报告之日起一个月后就自动解除了，所以林某不用向公司支付任何经济赔偿金。在劳动争议中，林某需要提供以下证据包括：第一，那份并非林某本人签字的劳动合同和本人的签字样本，从而证明该合同不是双方协商一致的结果。第二，向公司递交的书面辞职报告。第三，公司尚欠林某的工资账单。

【法条指引】

中华人民共和国劳动合同法

第三条第一款 订立劳动合同，应当遵循合法、公平、平等自愿、协商一致、诚实信用的原则。

第二十六条 下列劳动合同无效或者部分无效：

（一）以欺诈、胁迫的手段或者乘人之危，使对方在违背真实意思的情况下订立或者变更劳动合同的；

（二）用人单位免除自己的法定责任、排除劳动者权利的；

（三）违反法律、行政法规强制性规定的。

对劳动合同的无效或者部分无效有争议的，由劳动争议仲裁机构或者人民法院确认。

第二十七条 劳动合同部分无效，不影响其他部分效力的，其他部分仍然有效。

▶ 13. 农民工在用人单位变更组织形式后拒绝履行原劳动合同，应当如何处理？

【宣讲要点】

用人单位变更名称、法定代表人、主要负责人或者投资人等事项，不影响劳动合同的履行。为了保护劳动者的合法权益，劳动者既可以选择解除劳动合同，也可以选择与变更后的用人单位继续履行合同。

【典型案例】

农民工骆某、赵某和李某都是某无线电厂的职工，双方签订的劳动合同至2008年4月期限届满。2007年3月，该厂改制为某电子有限责任公司，接受了无线电厂的所有债权、债务，并负责安置原企业的全部职工。当电子公司通知原属无线电厂的职工办理劳动合同变更手续时，由于包括骆某、赵某和李某在内的多名女工嫌新企业的劳动强度大、工资待遇低，都拒绝与电子公司签订劳动合同，电子公司便通知她们不要上班了，停发了工资和各项福利待遇，并拒绝给予经济补偿。骆某等女工曾向当地劳动争议仲裁委员会提出申诉。经审理查明，无线电厂虽然改制，但其工商注册登记至今没有注销。

【专家评析】

本案的焦点在于用人单位组织形式变更后劳动合同的效力。除了劳动合同法第33条规定的名称、法定代表人、主要负责人或者投资人等事项的变更外，实践中还存在着用人单位组织形式的变更。以公司为例，公司组织形式的变更是公司变更的一种重要形式，它是指在保持公司法人资格持续性的前提下，将公司从一种形式转变为另一种形态的行为，如由有限责任公司变更为股份有限公司。基于变更前后原用人单位法人资格的同一性，用人单位组织形式的变更一般不影响合同的履行，变更前公司的权利义务当然由变更后的公司继续享有和承担。存在的问题是，用人单位组织形式的变更将引起公司的名称变化，造成原劳动合同中的一方当事人名称在现实中并不存在。此时，若劳动者与变更后的单位未重新签订劳动合同，他是否仍享有相关的权利义务？为了保护劳动者的合法权益，应解释为用人单位组织形式的变更给予了劳动者而不是用人单位重新选择的机会。劳动者既可以选择解除劳动合同，也可以选择与变更后的用人单位继续履行合同。结合上述阐述，可对本案分析如下：

第一，申诉人以拒绝签订劳动合同的方式解除了劳动合同。申诉人在知悉用人单位改制的情况下，基于对用人单位“劳动强度大、工资待遇低”的判断而拒绝与之签订合同，根据上述的分析，可以理解为申诉人与变更形式后的用人单位解除了劳动合同。

第二，此种情况下未规定用人单位应支付经济补偿金。我国劳动法第28条规定：“用人单位依据本法第二十四条、第二十六条、第二十七条的规定解除劳动合同的，应当依照国家有关规定给予经济补偿。”据此，用人单位解除劳动合同需要支付经济补偿金的情况包括三种：协商解除劳动合同的情形；用人单位根据客观原因而非劳动者的主观原因解除劳动合同的情形，也称为非过失性辞退；用人单位因经济性裁员而解除劳动合同的情形。鉴于劳动法上述规定对劳动者权益保护的不足，劳动合同法第24条新增了一种情形，即劳动合同中的竞业限制条款应同时约定在竞业限制内按月给予劳动者经济补偿。而本案的情形并未包括在内，因此骆某、赵某和李某主张向企业索要解除劳动合同的一次性经济补偿金的请求于法无据，应当依法驳回她们的仲裁请求。

【法条指引】

中华人民共和国劳动合同法

第三十三条 用人单位变更名称、法定代表人、主要负责人或者投资人等事项，不影响劳动合同的履行。

中华人民共和国劳动法

第二十四条 经劳动合同当事人协商一致，劳动合同可以解除。

第二十六条 有下列情形之一的，用人单位可以解除劳动合同，但是应当提前三十日以书面形式通知劳动者本人：

（一）劳动者患病或者非因工负伤，医疗期满后，不能从事原工作也不能从事由用人单位另行安排的工作的；

（二）劳动者不能胜任工作，经过培训或者调整工作岗位，仍不能胜任工作的；

（三）劳动合同订立时所依据的客观情况发生重大变化，致使原劳动合同无法履行，经当事人协商不能就变更劳动合同达成协议的。

第二十七条 用人单位濒临破产进行法定整顿期间或者生产经营状况发生严重困难，确需裁减人员的，应当提前三十日向工会或者全体职工说明情况，听取工会或者职工的意见，经向劳动行政部门报告后，可以裁减人员。

用人单位依据本条规定裁减人员，在六个月内录用人员的，应当优先录用被裁减的人员。

第二十八条　用人单位依据本法第二十四条、第二十六条、第二十七条的规定解除劳动合同的，应当依照国家有关规定给予经济补偿。

▶ 14. 劳动合同约定工作岗位随机调整，农民工能否自行变换工作岗位？

【宣讲要点】

职工应当依照法律的规定遵守用人单位的各项规章制度，根据用人单位生产发展的需要，适时与其签订劳动合同及上岗合同，明确双方的权利义务，服从用人单位的管理，保障自身的合法权益。农民工要变换工作岗位，必须与用人单位签订上岗合同和办理相应的手续。

【典型案例】

农民工薛某于2004年与某工厂签订了劳动合同。劳动合同中约定：薛某的工作岗位随企业经营管理需要而作相应的调整，上岗和换岗都应当签订上岗合同。薛某被安排在该厂运输队担任搬运工。2006年5月，薛某因病不能继续从事强体力劳动，退出工作岗位等待企业安置。2007年3月，该厂新车间投入生产。由于该车间的工作环境和条件较好，职工的工资和福利待遇均高于其他部门，薛某向工厂提出将自己调到该车间工作。工厂负责人口头答应了薛某的要求，但未与其签订上岗合同和办理相应的换岗手续。2007年5月，薛某参加了新车间工人上岗培训和考核并得以通过。2007年6月，薛某在未经单位批准的情况下即到新车间上班。新车间以没有工厂的书面通知为由拒绝接收薛某。薛某向当地劳动争议仲裁委员会提请仲裁，请求裁决某工厂安排自己到新车间工作。

【专家评析】

我国劳动法第16条规定："劳动合同是劳动者与用人单位确立劳动关系、明确双方权利和义务的协议。建立劳动关系应当订立劳动合同。"劳动合同法第3条规定："订立劳动合同，应当遵循合法、公平、平等自愿、协商一致、诚实信用的原则。依法订立的劳动合同具有约束力，用人单位与劳动者应当履行劳动合同约定的义务。"根据上述规定，用人单位与劳动者签订劳动合同是有法律依据的，是实行合同化管理的需要。而上岗合同是劳动合同的组成部分，企业在内部实施上岗合同是合法的。作为企业，依照法律的规定享有劳动用工权、人事管理权、内部机构设置等权利。只有充分行使这些权利，才能使企业在日趋激烈的市场竞争中占有一席之地，保障企业正常的经营与发展。而企业与职工签订的劳动合同、上岗合同，正是通过对人才的合理、优化配置，体现对劳动用工的科学化管理，达到企业生产经营的目的。作为职工应当依照法律的规定遵守企业的各项规章制度，根据企业生产发展的需要，适时与企业签订劳动合同及上岗合同，明确双方的权利义务，才能保障职工自身的合法权利。若职工不服从企业的管理，将使企业无法正常生产、经营，也无法使职工自身得到法律的保护。

在本案中，薛某在与某工厂签订的劳动合同中约定：薛某的工作岗位随企业经营管理需要而作相应的调整，上岗和换岗应当签订上岗合同。因此，在薛某因病退出工作岗位后，再重新上岗和调整工作岗位，应当与企业签订上岗合同。薛某在向工厂提出到新车间工作的要求后，工厂负责人仅仅是口头答应薛某的要求，但并未与薛某签订上岗合同和办理调整工作岗位的其他手续。薛某被允许参加了新车间工人的上岗培训并通过了考核，并不意味着就取得了到新车间上岗工作的既定权利。薛某仅仅是获得了在新车间上岗工作的资格，不能认为取得该资格就当然地取得了上岗权利。因此，薛某关于安排其到新车间工作的请求不应当支持。如果薛某身体确已康复，恢复了劳动能力，应当由某工厂视企业的经营管理需要加以安排，并按照劳动合同的约定签订上岗合同和办理相应的手续。

【法条指引】

中华人民共和国劳动合同法

第三条第二款　依法订立的劳动合同具有约束力，用人单位与劳动者应当履行劳动合同约定的义务。

中华人民共和国劳动法

第十六条　劳动合同是劳动者与用人单位确立劳动关系、明确双方权利和义务的协议。

建立劳动关系应当订立劳动合同。

▶ 15. 因农民工原因未与用人单位签订劳动合同的，用人单位需支付二倍工资差额吗?

【宣讲要点】

劳动合同法对书面劳动合同的签订作出了强制性的规定，并针对用人单位不与劳动者签订劳动合同的行为设立了 2 倍工资差额的惩罚性赔偿。但支付未签订劳动合同 2 倍工资差额仅适用于用人单位违反法律规定，不与劳动者签订劳动合同的情形，这是为防止用人单位侵害劳动者权益而无法得到约束所设立的惩罚性规定。因此，如因劳动者的原因未与用人单位签订劳动合同的，用人单位不存在过错，则用人单位无须向劳动者支付 2 倍工资差额。

【典型案例】

2011 年 8 月 1 日，陈某到某快餐公司应聘送餐员一职，由于人手短缺，某快餐公司当日即决定招用陈某并安排陈某立刻上岗，但未与陈某签订书面劳动合同。2012 年 7 月，陈某申请仲裁，要求确认双方自 2011 年 8 月 1 日至 2012 年 6 月 30 日期间存在劳动关系并要求某快餐公司支付未签劳动合同 2 倍工资差额。仲裁支持了陈某的诉讼请求，某快餐公司不服仲裁裁决，诉请人民法院判令无须支付陈某未签劳动合同2倍工资差额。庭审中，快餐公司主张，因为陈某工作到2011年11月30日后就未到岗，但认可未对陈某作出书面劳动关系处理手续、陈某亦未提出书面辞职申请。某快餐公司并提交签到表、考勤汇总表、证人证言以证明陈某在2011年11月30日后未到岗的事实。陈某主张其均正常出勤，但未提交相应证据。人民法院审理后认为，某快餐公司提交了签到表、考勤汇总表、证人证言以证明陈某在2011年11月30日后未到岗，陈某虽然主张在职期间均正常出勤，但未能提交证据证明其主张。因此，在劳动者与用人单位就劳动者出勤情况存有异议而用人单位已经提供证据材料证明己方主张但劳动者未能提交证据证明自己主张时，应由劳动者承担举证不能的法律后果。人民法院采信某快餐公司的主张，认定陈某于2011年11月30日之后并未出勤。虽然某快餐公司未与陈某签订书面劳动合同，但陈某于2011年11月30日之后并未正常出勤，该期间未签订劳动合同的过错并不在于某快餐公司，因此某快餐公司应按照陈某的工资标准支付陈某2011年8月1日至2011年11月30日期间未签订书面劳动合同2倍工资差额，但无须支付陈某其他期间的未签订书面劳动合同2倍工资差额。

【专家评析】

对于支付未签订劳动合同2倍工资差额的条件，实践中存在不同观点。一种观点认为，《中华人民共和国劳动合同法实施条例》第5条规定，自用工之日起1个月内，经用人单位书面通知后，劳动者不与用人单位订立书面劳动合同的，用人单位应当书面通知劳动者终止劳动关系，无须向劳动者支付经济补偿，但是应当依法向劳动者支付其实际工作时间的劳动报酬。因此，如果因为劳动者的原因未能签订劳动合同，用人单位有权立即终止双方劳动关系，否则，用人单位就存在过错，就应该支付2倍工资。另一种观点认为，自用工之日起超过1个月不足1年，用人单位有足够证据证明未与劳动者签订书面劳动合同的原因在于劳动者，则用人单位就无须支付2倍工资。对于上述观点，笔者赞同第二种。劳动合同法规定2倍工资差额这一惩罚性赔偿旨在提高书面劳动合同的签订率，进而通过书面劳动合同的方式将双方权利义务进行固定，以达到保护劳动者、防止用人单位侵害劳动者权益的目的。然而，如果未签订劳动合同是完全由于劳动者的原因造成，而用人单位并不存在主观恶意，也不存在过错，就不应该适用2倍工资差额的惩罚性规定。

同时，实践中也出现了一些劳动者故意不与用人单位签订劳动合同，企图以此索要未签劳动合同2倍工资差额的情形。比如公司人力资源经理未与公司签订劳动合同的案件屡屡出现。就这一问题，笔者认为，人力资源经理是劳动者中的特殊人群，其熟知法律的各项规定；同时，其本身即是公司整个人力资源工作运行的负责人，签订和保管劳动合同属于其工作职责范围，因此如果出现未签订劳动合同的情况，有些是其工作疏忽所致，说明其工作存在过失，有些则是故意而为，本身即存在从中获利的主观恶意。因此，无论是主观故意还是工作过失，这种不签订劳动合同的不利后果均不应该由用人单位来承受。

【法条指引】

中华人民共和国劳动合同法

第十条 建立劳动关系，应当订立书面劳动合同。

已建立劳动关系，未同时订立书面劳动合同的，应当自用工之日起一个月内订立书面劳动合同。

用人单位与劳动者在用工前订立劳动合同的，劳动关系自用工之日起建立。

第八十二条 用人单位自用工之日起超过一个月不满一年未与劳动者订立书面劳动合同的，应当向劳动者每月支付二倍的工资。

用人单位违反本法规定不与劳动者订立无固定期限劳动合同的，自应当订立无固定期限劳动合同之日起向劳动者每月支付二倍的工资。

▶ 16. 劳动合同显失公平的，应当如何处理?

【宣讲要点】

显失公平的劳动合同是可撤销的合同。当事人一方享有撤销权。撤销权的行使，一般而言为撤销权人单方的行为，无须相对人表示同意。撤销权人要求撤销合同的，应当向人民法院或者仲裁机构提出请求。

【典型案例】

2003 年 10 月，周某与某公司签订了为期 1 年的劳动合同。合同约定，实行计件工作制，每件产品 0.5 元，日定额 80 件。不能完成定额，将从已经加工的件数中扣除相当件数的加工费。由于周某没有加工该产品的经验，不了解加工每件产品需要花费的时间，公司招聘人员也没有作相应的解释，便草草地签订了合同。在工作过程中，周某发现加工每件产品至少要花费 10 分钟，每天工作 8 小时根本无法完成定额。周某向公司提出降低劳动定额并适当增加每件产品的加工费，遭到公司拒绝。周某遂向公司提出终止劳动合同。公司告知周某，违反劳动合同必须支付违约金。双方经多次协商未果，2004 年 1 月，周某向当地劳动争议仲裁委员会提出仲裁申请，要求终止该合同的效力。

【专家评析】

本案中，由于公司规定的劳动定额过高，超过了合理的限度，致使劳动者在正常情况下无法完成劳动定额，其已经完成的产品的劳动报酬还会被扣除，直接造成的后果就是劳动者的权利和义务不对等，违背了等价有偿的原则。按照我国民法通则和合同法的规定，撤销权人要求撤销合同的，应当向人民法院或者仲裁机构提出请求，周某曾向公司提出终止劳动合同，但公司予以拒绝，说明双方当事人未就协商解除劳动合同达成一致。在这种情况下，周某选择了向仲裁机构请求仲裁以解决劳动争议的方式，程序合法，仲裁请求具有事实和法律根据，应当得到支持，仲裁委员会应裁定撤销周某与某公司之间签订的劳动合同。

【法条指引】

中华人民共和国劳动法

第十七条 订立和变更劳动合同，应当遵循平等自愿、协商一致的原则，不得违反法律、行政法规的规定。

劳动合同依法订立即具有法律约束力，当事人必须履行劳动合同规定的义务。

▶ 17. 用人单位可否单方终止劳动合同？

【宣讲要点】

在符合法律规定的条件下，用人单位可以单方面终止与农民工的劳动合同。

【典型案例】

王某系某村村民，于1986年到某汽车运输公司下属的汽车站做临时工，双方未订立劳动合同。1989年11月，王某向公司交纳风险抵押金人民币500元。1995年6月，公司转制，实行承包经营，王某承包了某客运线。1996年6月，公司经职代会讨论通过在本单位推行劳动合同制，要求所有在册职工、公司批准使用的企业临时工都必须与本企业依法签订劳动合同。公司未与王某签订劳动合同。同月，公司对在职职工依照有关规定办理养老保险手续，在统计应参加养老保险人员名单时，因王某未与其订立劳动合同，故未将王某列入。1998年12月25日，公司下发了《关于清退临时用工人员的通知》，规定凡未与公司签订劳动合同并未办养老保险的各类临时工，自1999年1月1日起一律清退，退还本人风险抵押金，与企业终止劳动关系。但王某未被列入清退名单之中，公司也未退还王某风险保证金。2001年11月王某到公司劳资科询问时，被告知已被公司清退，即向当地劳动争议仲裁委员会申请仲裁。裁决确认王某系某汽车运输公司职工，公司在裁决生效后7日内到当地社会保险事业管理所和就业管理中心为王某缴纳养老保险费和失业保险费。公司对仲裁裁决不服，向法院提起诉讼，请求确认原告与被告之间无劳动关系，且原告无为被告缴纳养老保险和失业保险费的义务。法院驳回了原告的诉讼请求。

【专家评析】

劳动法第26条规定了用人单位可以单方解除劳动合同的情形。本案是一起典型的用人单位单方终止与劳动者解除劳动关系的劳动争议纠纷案件。王某是临时工，工作期限较长，且已交纳风险金给公司，虽未与公司签订劳动合同，但已形成了事实上的劳动关系。公司单方终止与王某的劳动关系，与法相悖，法院驳回原告的诉讼请求是正确的。随着社会主义市场经济的不断发展，劳动用工制度不断深化，用人单位应当出具终止、解除劳动合同的证明书，用人单位单方解除劳动关系、清退、辞退劳动者亦应当制作证明书或者决定书，作为劳动者享受失业保险待遇、失业登记、求职登记的凭证。用人单位与劳动者即使未签订劳动合同，只要形成了事实劳动关系，劳动者仍享有法律、法规规定的权利，因此，用人单位与劳动者应及时补签劳动合同。

【法条指引】

中华人民共和国劳动法

第二十六条　有下列情形之一的，用人单位可以解除劳动合同，但是应当提前三十日以书面形式通知劳动者本人：

（一）劳动者患病或者非因工负伤，医疗期满后，不能从事原工作也不能从事由用人单位另行安排的工作的；

（二）劳动者不能胜任工作，经过培训或者调整工作岗位，仍不能胜任工作的；

（三）劳动合同订立时所依据的客观情况发生重大变化，致使原劳动合同无法履行，经当事人协商不能就变更劳动合同达成协议的。

▶ 18. 农民工是否有权与用人单位签订无固定期限的劳动合同？

【宣讲要点】

劳动者在一个用人单位连续工作满 10 年以上的，在续订劳动合同时，如果双方均同意延续劳动合同，劳动者提出订立无固定期限的劳动合同的，用人单位应当与劳动者订立无固定期限的劳动合同。无固定期限的劳动合同可以防止用人单位在利用完劳动者黄金工作年限后就不再与劳动者续签合同，从而损害劳动者的合法权益。

【典型案例】

白某系某村个体运输司机，因为驾驶技术好，1990 年 10 月他被某实业公司招收为合同制工人，签订了 5 年劳动合同，安排到汽车驾驶岗位工作。1995 年 10 月，白某又与公司续签了为期 7 年的劳动合同。2002 年 10 月，公司实施全员劳动合同制，由于白某从事汽车驾驶工作多年，驾驶技术好，公司提出与白某续签劳动合同 5 年，但是白某提出要签订无固定期限的劳动合同，双方发生争议，没有达成一致。

【专家评析】

本案中，白某有权与公司签订无固定期限的劳动合同。按照劳动法第 20 条、原劳动部《关于贯彻执行〈中华人民共和国劳动法〉若干问题的意见》第 20 条的规定，白某已经为公司工作了 12 年，已经超过了劳动法要求的签订无固定期限劳动合同 10 年以上的规定，而且双方均同意续签劳动合同，虽然白某是农民工，但在白某要求签订无固定期限劳动合同的情况下，公司应该与他签订无固定期限的劳动合同。

【法条指引】

中华人民共和国劳动法

第二十条 劳动合同的期限分为有固定期限、无固定期限和以完成一定的工作为期限。

劳动者在同一用人单位连续工作满十年以上，当事人双方同意续延劳动合同的，如果劳动者提出订立无固定期限的劳动合同，应当订立无固定期限的劳动合同。

关于贯彻执行《中华人民共和国劳动法》若干问题的意见

20. 无固定期限的劳动合同是指不约定终止日期的劳动合同。按照平等自愿、协商一致的原则，用人单位和劳动者只要达到一致，无论初次就业的，还是由固定工转制的，都可以签订无固定期限的劳动合同。

无固定期限的劳动合同不得将法定解除条件约定为终止条件，以规避解除劳动合同时用人单位应承担支付劳动者经济补偿的义务。

▶ 19. 雇主拒付工资，农民工可否要求解除劳动合同?

【宣讲要点】

在符合法律规定的条件下，农民工可单方要求与用人单位解除劳动合同。

【典型案例】

个体户汪某夫妇开办了一家小餐馆。1999 年 3 月，汪某雇用农村姑娘林某做服务员，双方签订了一份劳动合同。劳动合同中约定：林某在汪某家吃住，每月工资 240 元，合同期限为 1 年，任何一方不得提前解除劳动合同，否则必须支付给对方 600 元的违约金。林某上班后发现，自己不仅要端茶送饭、洗盘刷碗，还要买菜洗菜做很多事情，一天 10 个小时下来，十分劳累。但考虑到家里还指望她挣钱，便咬咬牙坚持下来。同年3月底，林某要求汪某发给她当月的工资，汪某以手头资金周转不灵为由，要求林某等些日子。同年4月底，当林某再次要求汪某发工资的时候，汪某回答说，合同中仅规定每月240元钱，没规定什么时候发，应当认为是合同到期后一起支付。林某不同意，表示如果不给钱，她就走人。汪某则说，走人可以，但必须给他600元的违约金，将林某2个月的工资扣除后，还欠120元。林某只好忍气吞声，接着做服务员。同年5月林某经人指点，向当地劳动争议仲裁委员会申请仲裁，要求解除与汪某夫妇签订的劳动合同，并要求他们支付工资。汪某则要求林某支付违约金。

【专家评析】

首先，根据劳动法第32条、第50条的规定，汪某夫妇拒不按照合同付给林某工资，林某有权要求解除劳动合同，虽然双方仅在合同中约定林某的月工资为240元，并未约定发工资的时间，也不能认为是在合同期满时一次发给，这不仅有悖常理，而且违反了法律。其次，汪某夫妇应当支付林某的工资并给予一定的补偿，依据原劳动部发布的《违反和解除劳动合同的经济补偿办法》第3条的规定："用人单位克扣或者无故拖欠劳动者工资的，以及拒不支付劳动者延长工作时间工资报酬的，除在规定的时间内全额支付劳动者工资报酬外，还需加发相当于工资报酬百分二十五的经济补偿金。"汪某夫妇除应支付林某3—4月的全部工资外，还应发给林某3月和4月两个月的经济补偿金120元，最后，汪某夫妇提出因林某提前解除劳动合同而应支付违约金的要求是无理的。解除劳动合同的过错在汪某夫妇自身而不在林某，所以汪某无权索要违约金。

【法条指引】

中华人民共和国劳动法

第三十二条　有下列情形之一的，劳动者可以随时通知用人单位解除劳动合同：

（一）在试用期内的；

（二）用人单位以暴力、威胁或者非法限制人身自由的手段强迫劳动的；

（三）用人单位未按照劳动合同约定支付劳动报酬或者提供劳动条件的。

第五十条 工资应当以货币形式按月支付给劳动者本人。不得克扣或者无故拖欠劳动者的工资。

▶ 20. 农民工因病休假，用人单位能否以此为由解除劳动合同?

【宣讲要点】

用人单位在相关法律规定的情况下，不得单方面与农民工解除劳动合同，强调的是维护农民工的合法权益。

【典型案例】

陈某于1993年4月被某养鸡场招收为合同制工人，合同期限至2002年10月31日届满。2002年10月31日双方续签了合同，为期4年。2004年3月，陈某因患腰椎间盘突出症需休假两个月，场方同意陈某休假。但是两个月以后陈某病未痊愈要求再延长一个月的假期。场方不同意延长陈某的假期，称如果陈某再不来上班，将与陈某解除劳动合同。陈某由于病未痊愈无法上班，于是场方就与其解除了劳动合同。陈某不服，申诉到劳动争议仲裁委员会。

【专家评析】

为了保护劳动者，我国劳动法规定了劳动者患病或非因工负伤的医疗期，这个医疗期就是用人单位不得解除劳动合同的期限，而且在医疗期满后，如果劳动者能从事原工作或能从事用人单位另行安排的工作，用人单位就应继续履行劳动合同。本案中，在陈某法定的医疗期未满的情况下，养鸡场不能解除与陈某的劳动合同。陈某的医疗期满后，只有她不能从事原工作也不能从事养鸡场另行安排的工作，养鸡场才能解除与陈某的劳动合同。陈某已经为养鸡场工作了12年，按照劳动法的规定，陈某的医疗期应该为12个月。而陈某实际才休假两个多月，因此，此时养鸡场是不能解除与陈某的劳动合同的，而是应等待陈某治疗疾病。如果陈某在12个月内病愈并能从事原工作或者12个月医疗期满后不能从事原工作，但是能从事养鸡场另行安排的工作，那么养鸡场应继续履行与陈某的劳动合同。只有在12个月的医疗期满后，陈某不能从事原工作也不能从事养鸡场另行安排的工作，养鸡场才能与她解除合同。

【法条指引】

中华人民共和国劳动法

第二十六条　有下列情形之一的，用人单位可以解除劳动合同，但是应当提前三十日以书面形式通知劳动者本人：

（一）劳动者患病或者非因工负伤，医疗期满后，不能从事原工作也不能从事由用人单位另行安排的工作的；

（二）劳动者不能胜任工作，经过培训或者调整工作岗位，仍不能胜任工作的；

（三）劳动合同订立时所依据的客观情况发生重大变化，致使原劳动合同无法履行，经当事人协商不能就变更劳动合同达成协议的。

第二十七条　用人单位濒临破产进行法定整顿期间或者生产经营状况发生严重困难，确需裁减人员的，应当提前三十日向工会或者全体职工说明情况，听取工会或者职工的意见，经向劳动行政部门报告后，可以裁减人员。

用人单位依据本条规定裁减人员，在六个月内录用人员的，应当优先录用被裁减的人员。

第二十九条 劳动者有下列情形之一的，用人单位不得依据本法第二十六条、第二十七条的规定解除劳动合同：

（一）患职业病或者因工负伤并被确认丧失或者部分丧失劳动能力的；

（二）患病或者负伤，在规定的医疗期内的；

（三）女职工在孕期、产期、哺乳期内的；

（四）法律、行政法规规定的其他情形。

▶ 21. 农民工未出示病休证明而自行休息一个月，用人单位能否与其解除劳动合同？

【宣讲要点】

用人单位招用劳动者时，应当如实告知劳动者工作内容、工作条件、工作地点、职业危害、安全生产状况、劳动报酬以及劳动者要求了解的其他情况；用人单位有权了解劳动者与劳动合同直接相关的基本情况，劳动者应当如实说明。

【典型案例】

2004 年，农民工单某与某工厂签订了为期 10 年的劳动合同。2007 年 2 月 2 日，单某经某医院诊断患有颈椎病，该医院自当日起医嘱要求单某病休两周，此后每两周为其出具需病休的证明，直至 2007 年 7 月。单某因此未到工厂工作，并将 2007 年 2 月 2 日至 2007 年 5 月 8 日的病休证明交到某工厂，但 2007 年 5 月 8 日到 2007 年 6 月 8 日病休证明未交予工厂，也未与工厂办理相应的请假手续。2007 年 6 月 10 日，某工厂以单某违反该厂有关规章制度为由向单某发出解除劳动合同的通知，单某于 2007 年 6 月 15 日收到该通知。单某因此向劳动仲裁委员会申诉要求撤销某工厂的解除决定。

【专家评析】

处理本案的关键在于单某是否有如实告知的义务，是否应出示相关病休证明，将其实际享受医疗待遇的情况如实告知用人单位。劳动合同法第8条规定：“用人单位招用劳动者时，应当如实告知劳动者工作内容、工作条件、工作地点、职业危害、安全生产状况、劳动报酬，以及劳动者要求了解的其他情况；用人单位有权了解劳动者与劳动合同直接相关的基本情况，劳动者应当如实说明。”劳动者要实际享有自己的医疗期待遇，必须履行向用人单位告知的义务，这也是劳动者享受医疗期待遇的附随义务，即将其需要病休的具体时间等重要信息告知给用人单位，否则对用人单位将不发生效力。本案中，单某未将2007年5月8日至2007年6月8日其可以享受医疗期待遇的重要信息告知某工厂，就某工厂而言，对于这一期间单某实际享受的医疗期不予确认是合乎法律的。需要明确的是，单某的如实告知义务对应用人单位某工厂知晓的权利，以及以劳动者未告知为由所产生的抗辩的权利，而不是用人单位同意或不同意、批准或不批准劳动者病休的权利。

劳动者在与用人单位建立合法劳动关系后，应当遵守用人单位的规章制度，依照我国劳动法第25条、劳动合同法第39条规定，“劳动者有下列情形之一的，用人单位可以解除劳动合同：……（二）严重违反用人单位的规章制度的……”本案中，单某虽被诊断患有颈椎病并经医院建议进行病休，但应按照某工厂的规章履行请假手续，使单位知晓其病休情况。自2007年5月8日至2007年6月8日，单某既未到单位上班，也未向单位出示相关病休证明，某工厂因此解除与单某的劳动合同不违反相关法律法规。

综上，单某因没有尽到自己的如实告知义务应当承担相应的不利后果，劳动争议仲裁委员会应当依法驳回单某的仲裁请求。

【法条指引】

中华人民共和国劳动法

第二十五条 劳动者有下列情形之一的，用人单位可以解除劳动合同：

（一）在试用期间被证明不符合录用条件的；

（二）严重违反劳动纪律或者用人单位规章制度的；

（三）严重失职，营私舞弊，对用人单位利益造成重大损害的；

（四）被依法追究刑事责任的。

中华人民共和国劳动合同法

第三十九条 劳动者有下列情形之一的，用人单位可以解除劳动合同：

（一）在试用期间被证明不符合录用条件的；

（二）严重违反用人单位的规章制度的；

（三）严重失职，营私舞弊，给用人单位造成重大损害的；

（四）劳动者同时与其他用人单位建立劳动关系，对完成本单位的工作任务造成严重影响，或者经用人单位提出，拒不改正的；

（五）因本法第二十六条第一款第一项规定的情形致使劳动合同无效的；

（六）被依法追究刑事责任的。

▶ 22. 农民工提供虚假信息订立劳动合同有效吗？

【宣讲要点】

劳动合同是用人单位与劳动者双方就建立劳动关系协商一致达成的书面协议，因此，任何一方的相关信息都会对双方是否签订劳动合同、是否建立劳动关系的真实意思表示产生重要影响。根据劳动合同法第 26 条的规定，以欺诈、胁迫的手段或者乘人之危，使对方在违背真实意思的情况下订立或者变更劳动合同的劳动合同无效或者部分无效。然而由于存在竞争激烈、就业压力大等多方面原因，现实中，一些劳动者在应聘时提供虚假信息。劳动者的这种行为是否能够构成劳动合同法第26条所规定的劳动合同无效的情形呢？我们认为，就这一问题，不能简单判定，而需要结合具体情况加以分析。分析的关键在于，这些基本信息是否与工作相关、是否是劳动者有义务向用人单位如实说明内容，以及是否会影响用人单位作出与该劳动者建立劳动合同的决定。

【典型案例】

郑某于2011年5月11日入职甲公司，双方签订了书面劳动合同。后双方因缴纳社会保险等事宜产生争议，郑某遂以未缴纳社会保险为由提出辞职，并向当地劳动仲裁委员会申请仲裁，要求甲公司支付解除劳动合同经济补偿金。劳动仲裁委员会并未支持郑某的申请请求，郑某遂起诉至人民法院。审理过程中，甲公司主张："郑某曾采用欺诈手段，以虚假的身份信息骗取在我公司的工作机会。2011年2月，我公司欲招聘一名人力资源主管，通过招聘网络发布了招聘信息。职位要求年龄三十岁以下，硕士以上学历。招聘网络根据郑某发布的应聘信息向我公司推荐了郑某。面试时，郑某提交了伪造的身份证，双方劳动合同应属无效。另外，我公司按照郑某提交的身份信息为其缴纳社会保险，因为身份虚假导致无法办理。"经查实，郑某的身份信息确与真实情况不符。法院审理后认为，用人单位对员工的入职信息负有审核、校验的管理职责。甲公司未举证证明郑某身份信息虚假对劳动关系的履行造成实质性影响，也未举证证明其将招聘条件对郑某进行了提前告知，因此，对于甲公司所持的双方劳动合同应属无效的主张，人民法院并未采信。但郑某提交身份信息虚假，未能缴纳社会保险的过错并不在于甲公司。因此郑某以未缴纳社会保险为由提出辞职并要求甲公司支付解除劳动合同的经济补偿金缺乏事实和法律依据，人民法院最终驳回了郑某的诉讼请求。

【专家评析】

劳动合同法第26条规定："下列劳动合同无效或者部分无效：（一）以欺诈、胁迫的手段或者乘人之危，使对方在违背真实意思的情况下订立或者变更劳动合同的；（二）用人单位免除自己的法定责任、排除劳动者权利的；（三）违反法律、行政法规强制性规定的……"而上述案例属于劳动者在应聘入职时提交虚假信息的情况。劳动合同法第8条规定，用人单位招用劳动者时，应当如实告知劳动者工作内容、工作条件、工作地点、职业危害、安全生产状况、劳动报酬，以及劳动者要求了解的其他情况；用人单位有权了解劳动者与劳动合同直接相关的基本情况，劳动者应当如实说明。因此，用人单位的知情权是有限的，否则就侵害了劳动者的隐私权。只有劳动者提供的虚假信息是与劳动合同直接相关、可能影响用人单位作出是否建立劳动关系的判断，才可能构成劳动合同法第26条规定的无效情形。因此，在上述案例中，虽然郑某提供的身份信息为虚假信息，但是并没有对劳动关系的履行造成实质性影响，所以人民法院对认为双方劳动合同无效的主张并没有采信。

而对于实践中广泛出现的学历或工作经历虚假的情况，我们认为，首先，劳动者应该本着诚实信用的原则，如实提供相关信息。劳动者提供虚假信息的行为本身是不道德的，应该遭到谴责。其次，学历的虚假或工作经历的虚假并不当然产生劳动合同无效的法律后果。用人单位对劳动者的学历或工作经历等有特殊要求的，应该在招用录用时明确向劳动者提出。同时，用人单位在录用劳动者时对劳动者提供的信息负有审核、校验的管理职责。学历或工作经历本身并不等于胜任工作的能力，如果用人单位在招用录用劳动者的时候并未明确提出要求，而劳动者在实际工作中已经适应了工作环境、工作要求，完成了工作，用人单位并没有发现劳动者存在不足，那么则不能仅以学历虚假或工作经历虚假为由主张劳动合同无效。

【法条指引】

中华人民共和国劳动合同法

第八条 用人单位招用劳动者时，应当如实告知劳动者工作内容、工作条件、工作地点、职业危害、安全生产状况、劳动报酬，以及劳动者要求了解的其他情况；用人单位有权了解劳动者与劳动合同直接相关的基本情况，劳动者应当如实说明。

第二十六条 下列劳动合同无效或者部分无效：

（一）以欺诈、胁迫的手段或者乘人之危，使对方在违背真实意思的情况下订立或者变更劳动合同的；

（二）用人单位免除自己的法定责任、排除劳动者权利的；

（三）违反法律、行政法规强制性规定的。

对劳动合同的无效或者部分无效有争议的，由劳动争议仲裁机构或者人民法院确认。

▶ 23. 聘用人员待遇低下，患病期间能否被解除劳动合同？

【宣讲要点】

按照我国法律同工同酬的原则，同样的工作性质、职责任务、工作条件、劳动强度，工资报酬应该相同，这是社会公平信用的体现。同时，依照我国劳动法的规定，劳动者患病或者负伤，在规定的医疗期内用人单位不得解除劳动合同。

【典型案例】

农民工张某在某电视台从事新闻编辑工作，从2002年参加工作至今，不仅工作积极努力，而且每年都能拿到各级的新闻奖。然而，就因为他是被聘用，不是分配或调入电视台的，而从未享受过劳动法规定的各种福利待遇。只因不是“正式”的，他的基本工资比正式工的基本工资低一半，甚至出差补助都要比别人少，各种保险、补贴、公积金也都没有。2007 年 7 月底，他因病休了 3 个月假，病愈后回到单位，张某才发现工资已被停发，自己的聘用合同被解除。无奈之下，张某到当地劳动争议仲裁委员会请求撤销电视台解除劳动合同决定，责成电视台继续履行劳动合同，并补发病休期间工资。

【专家评析】

本案涉及农民工张某的同工同酬权被侵犯的救济问题。

首先，本案中电视台给张某的基本工资比正式工低一半的做法是不符合劳动法规定的，用人单位聘用员工应当实行同工同酬。依案情介绍，张某从 2002 年在某电视台从事新闻编辑工作至今，不仅工作积极努力，而且每年都拿到各级的新闻奖，却没有在电视台得到平等的待遇，唯一的原因就是某电视台将其视为比正式员工等级低的聘用工。这就是一些单位所谓的“一等公民”和“二等公民”的区分，即由国家正式分配或调入单位的正式在编人员，属于前者，后者与正式工的区别在于同工不同酬，并且不享有各种社会保险、住房公积金等福利政策。根据劳动合同法第 11 条的规定以及同工同酬的原则，同样的工作性质、职责任务、工作条件、劳动强度，工资报酬应该相同，这是社会公平信用的体现。因此，该电视台应及时纠正其同工不同酬之行为，给予张某正式职工的劳动报酬待遇。

其次，电视台不应解除张某的劳动合同并停发病休期间的工资。依照我国劳动法第 29 条的规定，劳动者患病或者负伤，在规定的医疗期内用人单位不得解除劳动合同。原劳动部《关于贯彻执行〈中华人民共和国劳动法〉若干问题的意见》第 59 条规定，职工患病或非因工负伤治疗期间，在规定的医疗期间内由企业按有关规定支付其病假工资或疾病救济费，病假工资或疾病救济费可以低于当地最低工资标准支付，但不得低于最低工资标准的 80%。因此，该电视台应按此规定给张某发放病假工资。

【法条指引】

中华人民共和国劳动合同法

第十一条 用人单位未在用工的同时订立书面劳动合同，与劳动者约定的劳动报酬不明确的，新招用的劳动者的劳动报酬按照集体合同规定的标准执行；没有集体合同或者集体合同未规定的，实行同工同酬。

中华人民共和国劳动法

第二十九条 劳动者有下列情形之一的，用人单位不得依据本法第二十六条、第二十七条的规定解除劳动合同：

（一）患职业病或者因工负伤并被确认丧失或者部分丧失劳动能力的；

（二）患病或者负伤，在规定的医疗期内的；

（三）女职工在孕期、产期、哺乳期内的；

（四）法律、行政法规规定的其他情形。

▶ 24. 农民工在试用期内要求修改合同，用人单位因此单方面解除劳动合同是否有效？

【宣讲要点】

在试用期内，除劳动者有法律规定的情形外，用人单位不得解除劳动合同。用人单位在试用期解除劳动合同的，应当向劳动者说明理由。

【典型案例】

某单位规定，凡来本单位工作的职员都须干满 1 年试用期。试用期期间，只有工资没有奖金，1 年后转正，工资上浮 15%，奖金拿平均值，第三年工资继续上浮 15%，奖金按部门利润提成。农民工李某应聘到该单位商务中心工作。在与单位签订劳动合同时，他没有仔细看清其中的条款便匆匆签字。双方约定合同期限为5年。事后李某才得知自己的试用期长达1年，心中很不舒服，几次要求与单位修改劳动合同。单位领导知道后十分恼火，遂决定单方面解除与李某的劳动合同。李某不服，向当地劳动争议仲裁委员会提出申诉，要求撤销某单位单方面解除劳动合同的决定，裁定某单位按照正常职员的待遇给其发放工资和奖金。

【专家评析】

约定试用期有助于用人单位和劳动者之间的相互了解，可以维护用人单位的利益，以考察劳动者是否与录用要求相一致，也可以维护劳动者的利益，以考察用人单位的劳动条件、劳动报酬等是否符合劳动合同的规定。但劳动合同的试用期不宜过长。试用期过长，不利于保护劳动者的劳动择业权。根据劳动法第21条的规定，用人单位与劳动者可以在劳动合同中约定试用期，试用期最长不得超过6个月。劳动合同法第19条第1款对试用期的期限作了明确的规定："劳动合同期限三个月以上不满一年的，试用期不得超过一个月；劳动合同期限一年以上不满三年的，试用期不得超过二个月；三年以上固定期限和无固定期限的劳动合同，试用期不得超过六个月。"法律是严肃的，必须得到公民的充分尊重和严格遵守。本案中，某单位与李某签订了期限为5年的劳动合同，试用期不能超过6个月。某单位却无视法律规定而随意延长试用期，擅自规定职工的试用期为1年，明显违反了劳动法和劳动合同法的有关规定。因此，合同中约定1年试用期的条款是无效的。劳动合同法第21条规定："在试用期中，除劳动者有本法第三十九条和第四十条第一项、第二项规定的情形外，用人单位不得解除劳动合同。用人单位在试用期解除劳动合同的，应当向劳动者说明理由。"李某没有劳动合同法第39条和第40条第1项、第2项规定的"不符合录用条件"的情形，而且用人单位没有履行说明解除劳动合同理由的法定义务。因此，劳动争议仲裁委员会应当支持李某的仲裁申请，裁定某单位撤销单方面解除劳动合同的决定和撤销试用期条款，按照正常职员的待遇给李某发放工资和奖金。

【法条指引】

中华人民共和国劳动合同法

第二十一条　在试用期中，除劳动者有本法第三十九条和第四十条第一项、第二项规定的情形外，用人单位不得解除劳动合同。用人单位在试用期解除劳动合同的，应当向劳动者说明理由。

第三十九条　劳动者有下列情形之一的，用人单位可以解除劳动合同：

（一）在试用期间被证明不符合录用条件的；

（二）严重违反用人单位的规章制度的；

（三）严重失职，营私舞弊，给用人单位造成重大损害的；

（四）劳动者同时与其他用人单位建立劳动关系，对完成本单位的工作任务造成严重影响，或者经用人单位提出，拒不改正的；

（五）因本法第二十六条第一款第一项规定的情形致使劳动合同无效的；

（六）被依法追究刑事责任的。

第四十条　有下列情形之一的，用人单位提前三十日以书面形式通知劳动者本人或者额外支付劳动者一个月工资后，可以解除劳动合同：

（一）劳动者患病或者非因工负伤，在规定的医疗期满后不能从事原工作，也不能从事由用人单位另行安排的工作的；

（二）劳动者不能胜任工作，经过培训或者调整工作岗位，仍不能胜任工作的；

（三）劳动合同订立时所依据的客观情况发生重大变化，致使劳动合同无法履行，经用人单位与劳动者协商，未能就变更劳动合同内容达成协议的。

▶ 25. 在试用期内，用人单位能否随时与农民工解除劳动关系？

【宣讲要点】

在试用期内，除劳动者有法律规定的情形外，用人单位不得解除劳动合同。用人单位在试用期解除劳动合同的，应当向劳动者说明理由。

【典型案例】

农民工赵某于2007年3月29日到某公司工作，双方签订了试用协议书，试用协议书的期限为3个月。按照某公司下发的《聘用岗位和薪酬说明》的规定，赵某担任某公司办公室秘书的职务，年薪30000元，每月实发工资2000元，试用期月工资1400元，其余部分按年发放。2007年5月20日，某公司向赵某下发了《解聘员工通知单》，其中载明该公司系因业务紧缩，不需要此岗位人员而辞退赵某，该通知单上除了公司领导签字外，没有该公司的公章。赵某认为自己工作尽心尽力，并没有过错，故不同意解除劳动关系。在多次协商无效后，赵某向区劳动争议仲裁委员会提出申诉。仲裁过程中，某公司并未举证证明赵某不符合录用条件的事实存在。

【专家评析】

试用期是指用人单位和劳动者建立劳动关系后为相互了解、选择而约定的不得超过6个月的考察期。它是双方劳动关系存续期间的一种特殊表现形式。试用期也属于劳动关系存续期间，因此双方的劳动权益同受劳动法、劳动合同法及其相关规定的保护。劳动合同法对劳动关系双方分别规定了试用期内解除劳动关系的条件。对于劳动者方面解除劳动合同的，该法第37条规定："……劳动者在试用期内提前三日通知用人单位，可以解除劳动合同。"劳动者不需任何附加条件，用人单位不得要求劳动者支付职业技能培训费，还应按照劳动者的实际工作天数支付工资。对于用人单位方面解除劳动合同的，该法第39条规定："劳动者有下列情形之一的，用人单位可以解除劳动合同：（一）在试用期间被证明不符合录用条件的；（二）严重违反用人单位的规章制度的；（三）严重失职，营私舞弊，给用人单位造成重大损害的；（四）劳动者同时与其他用人单位建立劳动关系，对完成本单位的工作任务造成严重影响，或者经用人单位提出，拒不改正的；（五）因本法第二十六条第一款第一项规定的情形致使劳动合同无效的；（六）被依法追究刑事责任的。"第40条规定："有下列情形之一的，用人单位提前三十日以书面形式通知劳动者本人或者额外支付劳动者一个月工资后，可以解除劳动合同：（一）劳动者患病或者非因工负伤，在规定的医疗期满后不能从事原工作，也不能从事由用人单位另行安排的工作的；（二）劳动者不能胜任工作，经过培训或者调整工作岗位，仍不能胜任工作的……"第21条规定："在试用期中，除劳动者有本法第三十九条和第四十条第一项、第二项规定的情形外，用人单位不得解除劳动合同。用人单位在试用期解除劳动合同的，应当向劳动者说明理由。"实践中，劳动合同双方在有试用期约定的情形下，极易导致争议产生的是双方对"不符合录用条件"有不同的理解。对此，双方可以在约定试用期时一并对录用条件进行明确的约定，若没有约定，应当由人民法院或者劳动争议仲裁机构综合衡量劳动者所在具体工作岗位的要求与劳动者工作能力之间的匹配程度来认定。劳动者在试用期内的工作表现被证明不能满足所在工作岗位要求的，可以认定劳动者不符合用人单位的"录用条件"。这里所说的"录用条件"，既包括岗位要求的个体业务能力，也包括劳动者的团队协作能力，甚至包括劳动者的工作态度等细节，但用人单位必须证明这些能力与劳动者所在岗位的工作之完成具有密切的关联性。用人单位要证明劳动者在试用期内是否符合"录用条件"，必须依据劳动者在试用期内的工作表现，并经过一定的考核程序，在一定的期限内作出是否符合的结论，否则试用期一届满即视为劳动者符合用人单位的"录用条件"。原劳动部办公厅《关于如何确定试用期内不符合录用条件可以解除劳动合同的请示的复函》曾指出，对试用期内不符合录用条件的劳动者，企业可以解除劳动合同；若超过试用期，则企业不能以试用期内不符合录用条件为由解除劳动合同。

本案中，赵某工作尽心尽力，并没有过错。某公司也并未举证证明赵某不符合录用条件的事实存在。因此，该公司单方面解除与赵某试用期协议的决定没有事实和法律依据，应当予以撤销。

【法条指引】

中华人民共和国劳动合同法

第二十一条 在试用期中，除劳动者有本法第三十九条和第四十条第一项、第二项规定的情形外，用人单位不得解除劳动合同。用人单位在试用期解除劳动合同的，应当向劳动者说明理由。

第三十七条 劳动者提前三十日以书面形式通知用人单位，可以解除劳动合同。劳动者在试用期内提前三日通知用人单位，可以解除劳动合同。

第三十九条 劳动者有下列情形之一的，用人单位可以解除劳动合同：

（一）在试用期间被证明不符合录用条件的；

（二）严重违反用人单位的规章制度的；

（三）严重失职，营私舞弊，给用人单位造成重大损害的；

（四）劳动者同时与其他用人单位建立劳动关系，对完成本单位的工作任务造成严重影响，或者经用人单位提出，拒不改正的；

（五）因本法第二十六条第一款第一项规定的情形致使劳动合同无效的；

（六）被依法追究刑事责任的。

▶ 26. 临时雇工的组织者与用工单位签订的“用工合同”是否属于“集体合同”?

【宣讲要点】

临时雇工的组织者与用工单位签订的“用工合同”不属于“集体合同”。它既不是由劳动者和用人单位各自选派的代表协商签订的，也不是以维护劳动者的合法权益为目的，这样的合同也没有遵循签订集体合同的特定程序，事实上，该合同是临时雇工的组织者代表工人与用人单位签订的一份不定期劳动合同，是形成雇佣合同关系的依据。

【典型案例】

2002 年 12 月，肖某以某建筑队的名义与某建筑公司签订一份“用工合同”。合同约定由肖某负责组织民工。该合同对工人的管理、工资的分配与结算、福利待遇及工程结束的退场等都作了明确约定，同时还约定肖某必须服从该公司的组织领导与工作安排，如肖某不能保证劳动力数量，影响公司工程进度，公司有权辞退或罚款；施工期间公司支付给肖某所组织的人员部分生活费，余下费用待工程结束完工后一次付清；公司按肖某的工程量收入总额的 10% 给肖某作为施工管理费，包括管理人员工资、劳保福利、办公费、差旅费等。工人的工资以及保险金、福利费等都是由工人直接从公司领取，肖某的报酬也是从公司领取。该合同签订后，肖某组织了石某等 40 余名工人到工地施工。2003 年 1 月，石某在施工中被搅拌机搅伤右臂。石某入院治疗 43 天，医药费已由公司支付。2003 年 3 月，肖某、石某与公司达成协议，双方约定公司除垫付上述医药费 1 万元外，一次性给付石某 5 万元作为日后一切治疗、残疾者用具、治疗期间误工补助、赡养、抚养、交通等费用开支，石某放弃向公司索赔的权利。协议签订后，双方办理了公证。石某获得公司赔偿后，其伤情经有关部门鉴定为伤残四级。石某遂以和肖某是雇佣关系为由，将肖某起诉到人民法院，要求肖某赔偿其各种损失，共计 8 万元。肖某认为与石某不存在雇佣关系，自己只是代表建筑队的全体工人与某建筑公司签订了一份集体合同。且石某的损失已由公司赔偿，自己不应承担赔偿责任。

【专家评析】

本案中，肖某以某建筑队的名义与某建筑公司签订的用工合同既不是由劳动者和用人单位各自选派的代表协商签订的，也不是以维护劳动者的合法权益为目的，没有遵循签订集体合同的特定程序。该合同不是劳动法和原劳动部《集体合同规定》所称的“集体合同”。工人与公司之间虽然没有集体合同关系，但并不意味着两者之间没有雇佣劳动关系。事实上，该合同是肖某代表工人与公司签订的一份不定期劳动合同。肖某以某建筑队的名义与公司签订用工合同，从表面上看是肖某承包工程之后，石某受于肖某雇佣而从事工程施工，双方形成雇佣关系，但该合同对工人的管理、工资的分配与结算、福利待遇及工程结束的退场等都作了明确约定，所有工人的工资以及保险金、福利费等都是由工人直接从公司领取，至于另外的10%，那是肖某的报酬，且也是从公司领取。从该合同的内容不难看出，所签的“用工合同”实际上是肖某代表工人与公司之间形成雇佣合同关系的依据，肖某与石某之间不存在雇佣关系。石某在施工过程中所受伤害应由公司赔偿。鉴于公司已与肖某、石某达成赔偿协议，并进行了公证，该协议系双方真实意思表示，且不违反法律规定，具有法律效力。石某的损失已获赔偿，不能因同一损害事实再行主张权利。法院应当驳回石某的诉讼请求。

【法条指引】

中华人民共和国劳动法

第三十三条 企业职工一方与企业可以就劳动报酬、工作时间、休息休假、劳动安全卫生、保险福利等事项，签订集体合同。集体合同草案应当提交职工代表大会或者全体职工讨论通过。

集体合同由工会代表职工与企业签订；没有建立工会的企业，由职工推举的代表与企业签订。

第三十四条　集体合同签订后应当报送劳动行政部门；劳动行政部门自收到集体合同文本之日起十五日内未提出异议的，集体合同即行生效。

▶ 27. 个别用人单位未签订行业性集体合同，劳动者能否依据行业性集体合同要求该单位履行义务？

【宣讲要点】

行业性、区域性集体合同作为集体合同的一种，在法律没有特别规定时，应当适用集体合同的相关规定。集体合同订立后，应当报送劳动行政部门；劳动行政部门自收到集体合同文本之日起15日内未提出异议的，集体合同即行生效。

【典型案例】

某县建筑业行业工会是该县的行业性工会，工会主席得知近年来该行业由于收入不稳定导致技术熟练工人经常“跳槽”，企业雇佣工人的工作不稳定，影响了该行业的健康发展，于是向该县建筑业行业协会提出集体协商的要求，该行业协会给予积极回应。双方都分别组织在建筑行业企业中选出集体协商的代表，并由这些代表征求各企业的劳动者和企业主的意见。双方就劳动报酬、社会保险与福利、工作时间和休息休假、劳动安全与卫生、劳动争议等方面进行协商。在协商一致的基础上形成了《建筑行业集体合同》，并由双方代表签字。在这份合同中有一项，企业应为职工提供免费食宿和生活必需品，其中包括免费使用水电等。

订立合同的次日，由县建筑行业协会将该合同报送县社会保险行政部门。县社会保险行政部门在收到文本后一直未置可否。该合同签订一个月后，张某来到该县务工，与一家经营建筑业的私营企业某公司订立劳动合同，但合同中并未涉及张某的食宿和生活用品等问题。后张某向某公司要求提供住宿，某公司以劳动合同没有规定为由予以拒绝。张某以某公司违反该县《建筑行业集体合同》向人民法院起诉，请求判令某公司履行该县《建筑行业集体合同》中企业应为职工提供免费食宿的义务。某公司答辩称：该县《建筑行业集体合同》并未经过县劳动保障部门的明确认可，故不具有法律效力；某公司负责人并未在集体合同上签字，该合同即使生效，也对本公司无效。

【专家评析】

根据劳动合同法的规定，本案中的《建筑行业集体合同》是在县级区域内由县建筑业行业工会代表劳动者一方，与代表企业方面的县建筑行业协会及相关企业代表进行协商、签字，符合法律规定的相关条件，故应认定为行业性集体合同。劳动合同法第54条第1款规定："集体合同订立后，应当报送劳动行政部门；劳动行政部门自收到集体合同文本之日起十五日内未提出异议的，集体合同即行生效。"行业性、区域性集体合同作为集体合同的一种，在法律没有特别规定时，应当适用集体合同的相关规定。本案中，县建筑业协会在订立合同的次日将该合同报送至县劳动行政部门，县劳动行政部门在收到文本后的15日内未提出异议。因此，该《建筑行业集体合同》已经通过审查并生效。根据劳动合同法规定，行业性集体合同对当地本行业、本区域的用人单位和劳动者具有约束力，本案中《建筑行业集体合同》是合法有效的行业性集体合同，对张某和某公司具有法律效力，原告要求被告履行集体合同所约定的提供免费食宿的义务，符合法律规定，人民法院应当予以支持。

【法条指引】

中华人民共和国劳动合同法

第五十四条　集体合同订立后，应当报送劳动行政部门；劳动行政部门自收到集体合同文本之日起十五日内未提出异议的，集体合同即行生效。

依法订立的集体合同对用人单位和劳动者具有约束力。行业性、区域性集体合同对当地本行业、本区域的用人单位和劳动者具有约束力。

▶ 28. 职工在集体合同签订后入厂，能否享受集体合同规定的待遇？

【宣讲要点】

集体合同的效力，即集体合同的适用范围，是指集体合同对什么人、在什么时间、什么地域具有约束力。按照我国有关法律对集体合同效力的规定，集体合同对企业和企业全体职工具有约束力。

【典型案例】

2005 年 8 月，某工厂与全体员工签订了集体合同。在集体合同中，双方对工资和奖金作出了约定：该工厂员工除了按月领取基本工资和奖金之外，同时还将根据工厂的效益享受额外的季度奖。2006 年 10 月，某工厂筹建了第五车间，并招聘了一批农民工为新员工。在与这些农民工签订的劳动合同中规定：新员工享受与老员工相同的基本工资和奖金，但没有季度奖。第五车间成立后，虽然经济效益较好，但员工无法享受其他车间员工享受的季度奖。2007 年 3 月，第五车间员工集体向工厂提出在第五车间实行季度效益奖的要求。工厂以劳动合同中没有规定季度奖为由，拒绝了员工的要求。第五车间员工遂向当地劳动争议仲裁委员会提请仲裁。

【专家评析】

处理本案的关键是正确认识集体合同的效力。集体合同的效力，即集体合同的适用范围，是指集体合同对什么人、在什么时间、什么地域具有约束力。按照劳动合同法对集体合同效力的规定，集体合同对企业和企业全体职工具有约束力。企业全体职工显然包括集体合同订立前加入企业的职工和订立后加入企业的职工。在集体合同订立后加入企业的职工，从加入企业时起当然地取得集体合同关系人的资格，不需要与企业另外订立协议加入集体合同或重新订立集体合同。本案中，某工厂第五车间在集体合同订立后加入企业的新员工与老员工一样，在集体合同的适用范围之内。第五车间的新员工的基本工资和奖金与老员工的水平相同，但却没有享受老员工按照集体合同的规定享有的季度效益奖。因此，某工厂应当按照与老员工签订的集体合同中对劳动报酬的规定对新员工实行季度奖，新员工要求享受季度效益奖的仲裁请求应予支持。

【法条指引】

中华人民共和国劳动合同法

第五十四条 集体合同订立后，应当报送劳动行政部门；劳动行政部门自收到集体合同文本之日起十五日内未提出异议的，集体合同即行生效。

依法订立的集体合同对用人单位和劳动者具有约束力。行业性、区域性集体合同对当地本行业、本区域的用人单位和劳动者具有约束力。

▶ 29. 在集体合同订立前加入公司的农民工，能否享受集体合同规定的待遇？

【宣讲要点】

用人单位与劳动者订立的劳动合同中，劳动条件和劳动报酬等标准不得低于集体合同规定的标准。集体合同的法律效力高于个别劳动合同。

【典型案例】

王某等五人从乡下进城务工，并被某公司雇用，双方订立了劳动合同。合同约定王某等人某月工资为800元。在合同履行的第二年，该公司工会代表全体职工与该公司订立了集体合同。集体合同中对劳动报酬、工作时间、休息休假、劳动条件等内容规定了具体标准，其中规定了员工的每月工资不得低于900元。集体合同生效后，某公司仍然按照每月800元的标准向王某等发放工资，王某等向公司提出异议，要求按照集体合同规定的标准发放工资。公司表示在公司与王某等人订立的劳动合同中已经约定了工资标准，应当按照合同履行，且王某等系农民工，不享有集体合同规定的待遇。王某等遂提起劳动仲裁。

【专家评析】

本案主要涉及集体合同对其生效之前存在的劳动合同的效力问题。根据劳动合同法第55条的规定，用人单位与劳动者订立的劳动合同中劳动条件和劳动报酬等标准不得低于集体合同规定的标准。因此，集体合同的法律效力高于个别劳动合同。本案中，在集体合同生效之前，王某等与公司之间的劳动合同与集体合同并未发生冲突，故合法有效。在集体合同生效之后，王某等与公司之间的劳动合同中关于工资的约定低于集体合同规定的标准，此时应当适用集体合同的规定，公司应当按照每月900元的标准向王某等发放工资。此外，根据劳动合同法第54条第2款的规定，依法订立的集体合同对用人单位和劳动者具有约束力。本法并未将城镇职工与农民工加以区分，故农民工与用人单位订立的劳动标准也应适用集体合同规定的标准。

【法条指引】

中华人民共和国劳动合同法

第五十四条 集体合同订立后，应当报送劳动行政部门；劳动行政部门自收到集体合同文本之日起十五日内未提出异议的，集体合同即行生效。

依法订立的集体合同对用人单位和劳动者具有约束力。行业性、区域性集体合同对当地本行业、本区域的用人单位和劳动者具有约束力。

第五十五条 集体合同中劳动报酬和劳动条件等标准不得低于当地人民政府规定的最低标准；用人单位与劳动者订立的劳动合同中劳动报酬和劳动条件等标准不得低于集体合同规定的标准。

▶ 30. 当事人双方未及时续订到期合同，农民工工资应如何确定？

【宣讲要点】

劳动合同期限届满后，当事人双方应当及时办理终止或续订劳动合同的手续。有固定期限的劳动合同期满后，因用人单位方面的原因未办理终止或续订手续而形成事实劳动关系的，视为续订劳动合同。在这种情况下，如果当事人双方在原劳动合同届满时对继续执行原劳动合同约定的工资和福利待遇标准、劳动条件等没有异议，应当视为双方默认按照原劳动合同的约定继续履行。

【典型案例】

罗某是某村高中毕业生，于2000年6月进城与某公司签订了为期2年的劳动合同。合同约定：罗某成为企业的职工，月工资为1000元。2002年6月，劳动合同届满。罗某仍留在某公司工作，但双方未续订劳动合同。2002年10月，罗某被公司调至分公司工作，工资标准调整为每月800元。罗某认为自己与某公司签订的劳动合同约定自己的月工资为1000元。劳动合同届满后，双方没有续订，自己继续留在某公司工作，应当视为双方默认按原劳动合同约定的工资标准履行。某公司将自己调至分公司工作后，降低了工资标准，违反约定，侵犯了自己的合法权益。罗某于2002年11月向当地劳动争议仲裁委员会提请仲裁，请求依法裁决某公司继续执行原劳动合同约定的工资标准。劳动争议仲裁委员会经审查后裁决：罗某的请求理由成立，某公司应当按照原劳动合同约定的工资标准继续履行。某公司不服裁决，向人民法院提起诉讼，请求人民法院依法判决公司调整罗某工资标准的行为有效，维护公司的劳资管理自主权。人民法院驳回了某公司的诉讼请求。

【专家评析】

劳动合同是保障劳动关系双方当事人合法权益的法律途径。劳动合同期限届满后，当事人双方应当及时办理终止或续订劳动合同的手续。有固定期限的劳动合同期满后，因用人单位方面的原因未办理终止或续订手续而形成事实劳动关系的，视为续订劳动合同。在这种情况下，如果当事人双方在原劳动合同届满时对继续执行原劳动合同约定的工资和福利待遇标准、劳动条件等没有异议，应当视为双方默认按照原劳动合同的约定继续履行。罗某与某公司劳动合同期限届满后，当事人双方未及时办理终止或续订劳动合同的手续，罗某继续留在某公司工作，双方对继续执行原劳动合同约定的工资标准没有异议，应当视为双方默认按照原劳动合同的约定履行。某公司将罗某调至分公司后，降低了罗某的工资标准，是违反约定的行为。该行为没有法律效力，罗某有权主张按照原劳动合同约定的工资标准继续执行。人民法院的做法是正确的。

【法条指引】

关于实行劳动合同制度若干问题的通知

14. 有固定期限的劳动合同期满后，因用人单位方面的原因未办理终止或续订手续而形成事实劳动关系的，视为续订劳动合同。用人单位应及时与劳动者协商合同期限，办理续订手续。由此给劳动者造成损失的，该用人单位应当依法承担赔偿责任。

▶ 31. 根据劳务合同到其他单位履行职务的过程中受到伤害，应当由谁承担责任？

【宣讲要点】

劳务合同具有合同的一般属性。根据合同的相对性，签订合同的双方应根据合同约定的内容互相承担权利与义务。

【典型案例】

2004年8月，某市场与某保安公司签订劳务合同。合同约定：某市场向某保安公司聘用保安人员1名，维护市场秩序。某保安公司根据劳务合同委派水某到某市场工作，维护市场秩序。2004年12月8日，水某在维持市场秩序的过程中，与业主柏某发生争执。双方在争执中发生厮打，水某被柏某打伤，在入院治疗的过程中共花去医药费1200元。水某向人民法院起诉，要求某市场和某保安公司共同承担赔偿责任。

【专家评析】

本案中，某保安公司与某市场签订的保安合同属于委托类型的劳务合同。某市场为劳务接受人，某保安公司为劳务提供人，双方约定由受雇人（保安人员水某）直接向某市场提供劳务服务，维持市场秩序。根据合同相对性，某保安公司和某市场为劳务合同的当事人，双方之间劳务合同以保安人员的劳务为标的，而保安人员并非劳务合同的当事人。某保安公司委派保安人员水某到某市场工作，双方存在着雇佣关系。保安人员水某维持某市场秩序，是基于雇主某保安公司的安排，履行某保安公司与某市场之间的劳务合同义务。

因此，水某为某市场维持秩序并在履行职务的过程中受到伤害，应该由其雇主某保安公司承担责任。虽然水某是在履行维持市场秩序的职务，但是其提供劳务是因为履行某保安公司与某市场之间的劳务合同义务。如果由某市场承担责任则与合同的相对性相违背，有失偏颇。因此，在本案中，保安人员水某在维持市场秩序时受到伤害，应该由某保安公司承担责任。至于柏某将水某打伤属于民事侵权行为，水某有请求赔偿的权利。

【法条指引】

中华人民共和国合同法

第六十四条 当事人约定由债务人向第三人履行债务的，债务人未向第三人履行债务或者履行债务不符合约定，应当向债权人承担违约责任。

第一百二十一条 当事人一方因第三人的原因造成违约的，应当向对方承担违约责任。当事人一方和第三人之间的纠纷，依照法律规定或者按照约定解决。

▶ 32. 农民工在用人单位下发的解除劳动合同通知书上签字，能否视为双方已经解除劳动合同？

【宣讲要点】

经劳动合同当事人协商一致，劳动合同可以解除。劳动者在用人单位下发的解除劳动合同通知书上签字，说明当事人双方已经就解除合同达成了合意，同意解除劳动合同关系。但这并不表明双方的劳动合同关系自在通知书上签字时就已经解除。在通知书上签字的实际意义是表明劳动者已经收到了用人单位下发的通知并同意。

【典型案例】

农民工张某于2004年6月受聘于某公司，双方签订了为期2年的劳动合同。2006年6月，劳动合同到期。由于公司业务较为繁忙，双方没有解除劳动关系，同时也没有续订劳动合同。2007年4月，某公司向张某下发了《终止劳动合同通知书》，张某在通知书上签了字。此后，张某在办理工作移交手续期间，因病住院治疗。张某向某公司提出：暂缓解除劳动关系，顺延至医疗期满。某公司认为，张某已经在《终止劳动合同通知书》上签字，双方的劳动合同关系已经解除。张某在劳动合同关系解除后患病，与公司无关，公司不能给予其医疗期待遇。张某向当地劳动争议仲裁委员会提请仲裁，请求依法维护其合法权益。

【专家评析】

原劳动部《关于实行劳动合同制度若干问题的通知》第14条规定："有固定期限的劳动合同期满后，因用人单位方面的原因未办理终止或续订手续而形成事实劳动关系的，视为续订劳动合同。用人单位应及时与劳动者协商合同期限，办理续订手续。由此给劳动者造成损失的，该用人单位应当依法承担赔偿责任。"在本案中，张某与某公司的劳动合同于2006年6月到期，由于公司业务繁忙，双方没有办理终止劳动合同手续，张某继续在某公司工作，按照上述规定，应当视为当事人双方续订了劳动合同。在劳动合同存续期间，劳动者的权益受到法律保护，未经当事人协商一致或者具备法律规定的事由，用人单位不得擅自解除劳动合同。

我国劳动合同法第36条规定："用人单位与劳动者协商一致，可以解除劳动合同。"张某在接到某公司下发的《终止劳动合同通知书》后，在通知书上签字，并随后办理工作移交手续，说明当事人双方已经就解除劳动合同达成了合意，同意解除劳动合同关系。但这并不表明双方的劳动合同关系自张某在通知书上签字时起就已经解除。在通知书上签字实际意义是表明张某已经收到了用人单位下发的通知。劳动合同法第50条第1款规定："用人单位应当在解除或者终止劳动合同时出具解除或者终止劳动合同的证明，并在十五日内为劳动者办理档案和社会保险关系转移手续。"因此，劳动合同的解除应当履行一定的法律手续。在办理劳动合同解除手续即正式解除劳动关系之前，劳动者与用人单位之间的劳动关系仍然有效存在。在本案中，张某在办理工作移交手续过程中患病，由于当事人双方还没有正式解除劳动关系，因此，张某仍然属于在劳动合同有效期间患病。

我国劳动合同法第42条规定："劳动者有下列情形之一的，用人单位不得依照本法第四十条、第四十一条的规定解除劳动合同：……（三）患病或者非因工负伤，在规定的医疗期内的……"所谓"医疗期"，按照原劳动部《企业职工患病或非因工负伤医疗期规定》第2条的解释为：医疗期是指企业职工因患病或非因工负伤停止工作治病休息不得解除劳动合同的时限。在此期间，用人单位不得依照劳动合同法第40条、第41条的规定解除劳动合同。"劳动法律、法规之所以对医疗期作出规定，究其原因，主要是为劳动者在患病时期提供物质保障，解决劳动者的后顾之忧，消除社会不安定因素。"① 原劳动部《企业职工患病或非因工负伤医疗期规定》第3条规定："企业职工因患病或非因工负伤，需要停止工作医疗时，根据本人实际参加工作年限和在本单位工作年限，给予三个月到二十四个月的医疗期……"并对不同情况下的医疗期作出了具体规定。

在本案中，虽然张某已与用人单位就解除劳动合同达成了合意并开始办理工作移交手续，但由于用人单位没有给张某开具解除劳动合同的证明，且张某是在移交工作的过程中患病，双方的劳动关系还没有正式解除。因此，张某仍然属于在劳动合同有效期间患病，按照劳动法和有关规定，其应当享受医疗期待遇，由某公司发给病假期工资、疾病救济费并报销医疗费。本案也不属于劳动合同期限届满，按照合同约定解除劳动关系的情况，因为张某与某公司在原劳动合同到期时，没有及时办理解除劳动合同的手续，张某继续在某公司工作，虽然没有办理续订劳动合同的手续，但按照原劳动部《关于实行劳动合同制度若干问题的通知》的规定，视为续订劳动合同。原劳动合同期限已经失去法律效力。即使是在劳动合同到期的情况下，按照劳动合同法第45条"劳动合同期满，有本法第四十二条规定情形之一的，劳动合同应当续延至相应的情形消失时终止"的规定，劳动合同的期限应自动延续至医疗期满。因此，劳动仲裁委员会应当支持张某的请求。

① 万羽主编：《劳动纠纷案例精选精评》，江西高校出版社2000年版，第50页。

【法条指引】

中华人民共和国劳动法

第二十四条 经劳动合同当事人协商一致，劳动合同可以解除。

中华人民共和国劳动合同法

第四十二条 劳动者有下列情形之一的，用人单位不得依照本法第四十条、第四十一条的规定解除劳动合同：

（一）从事接触职业病危害作业的劳动者未进行离岗前职业健康检查，或者疑似职业病病人在诊断或者医学观察期间的；

（二）在本单位患职业病或者因工负伤并被确认丧失或者部分丧失劳动能力的；

（三）患病或者非因工负伤，在规定的医疗期内的；

（四）女职工在孕期、产期、哺乳期的；

（五）在本单位连续工作满十五年，且距法定退休年龄不足五年的；

（六）法律、行政法规规定的其他情形。

▶ 33. 农民工违纪而用人单位解除劳动合同的程序违法，应当如何处理？

【宣讲要点】

对于农民工发生违纪行为，符合法律规定的，用人单位可以与其解除劳动合同。但合同的解除必须依照法律规定的程序进行，否则将承担法律后果。

【典型案例】

高某系农村户口，高中毕业后进城务工，2003 年 6 月受聘于某私营企业，担任文秘职务。双方签订了为期 2 年的劳动合同。在工作期间，由于高某作风懒散，经常迟到、早退，工作态度不认真，不能完成工作任务，多次受到上级的批评和警告，但高某依然我行我素，不思悔改。2004年2月，高某所在企业调整了高某的工作岗位，安排高某担任库管员。高某在库管员的工作岗位上，仍然没有转变工作态度，由于粗心大意，致使其负责的仓库账目混乱，物品进出无序，并且高某对单位调整自己的工作岗位一直有怨气，经常在工作时间离岗，导致仓库物品的存取工作无法正常进行。高某所在企业对其进行教育无效后，于2004年5月以高某不能胜任工作为由，作出了解除与高某劳动合同的决定并在当日通知高某办理离职手续。高某接到通知后，到人事部门办理了离职手续。事后，高某认为企业违反法定程序，在解除劳动合同时未提前30日通知自己，致使自己不能及时寻找新的工作，丧失生活来源。高某以上述理由向当地劳动争议仲裁委员会提请仲裁，要求所在企业承担支付相当于自己6个月工资的赔偿金。

【专家评析】

本案中，高某在某私营企业工作期间，作风懒散，不能完成工作任务，多次受到上级的批评和警告，在所在企业调整了其工作岗位之后，仍然没有转变工作态度，无法胜任新的工作。按照劳动法第26条的规定，用人单位可以解除与高某的劳动合同。但劳动法第26条还规定，用人单位在解除劳动合同时，应当提前30日通知劳动者。本案中，某企业在作出解除劳动合同决定的当日即通知高某办理离职手续，显然违反了法定程序。由于某企业在解除劳动合同时，没有提前30天通知高某，致使高某不能及时地寻找新的工作，丧失了生活来源。高某所在企业应当给予高某一定的经济赔偿，以弥补其在解除劳动合同程序上的过错。

劳动法第28条规定："用人单位依据本法第二十四条、第二十六条、第二十七条的规定解除劳动合同的，应当依照国家有关规定给予经济补偿。"《违反和解除劳动合同的经济补偿办法》第7条规定："劳动者不能胜任工作，经过培训或者调整工作岗位仍不能胜任工作，由用人单位解除劳动合同的，用人单位应按其在本单位工作的年限，工作时间每满一年，发给相当于一个月工资的经济补偿金，最多不超过十二个月。"本案中，高某所在企业是以高某不能胜任工作，经过调整工作岗位仍不能胜任工作为由解除劳动合同，应当按照上述规定确定企业的经济补偿责任。高某在该企业工作不满1年，企业在解除劳动合同时，应当给予高某相当于其1个月工资的经济补偿金。

【法条指引】

中华人民共和国劳动法

第二十六条 有下列情形之一的，用人单位可以解除劳动合同，但是应当提前三十日以书面形式通知劳动者本人：

（一）劳动者患病或者非因工负伤，医疗期满后，不能从事原工作也不能从事由用人单位另行安排的工作的；

（二）劳动者不能胜任工作，经过培训或者调整工作岗位，仍不能胜任工作的；

（三）劳动合同订立时所依据的客观情况发生重大变化，致使原劳动合同无法履行，经当事人协商不能就变更劳动合同达成协议的。

第二十八条 用人单位依据本法第二十四条、第二十六条、第二十七条的规定解除劳动合同的，应当依照国家有关规定给予经济补偿。

违反和解除劳动合同的经济补偿办法

第七条 劳动者不能胜任工作，经过培训或者调整工作岗位仍不能胜任工作，由用人单位解除劳动合同的，用人单位应按其在本单位工作的年限，工作时间每满一年，发给相当于一个月工资的经济补偿金，最多不超过十二个月。

▶ 34. 农民工未完成合同约定的服务年限，应否承担违约责任？

【宣讲要点】

用人单位为劳动者提供专项培训费用，对其进行专业技术培训的，可以与该劳动者订立协议，约定服务期。劳动者违反服务期约定的，应当按照约定向用人单位支付违约金。违约金的数额不得超过用人单位提供的培训费用。用人单位要求劳动者支付的违约金不得超过服务期尚未履行部分所应分摊的培训费用。

【典型案例】

农民工齐某到某公司打工。2005 年 5 月，某公司送齐某到该省的某师范大学进修。进修前，齐某与公司签订了进修合同。双方约定：齐某在进修期满后应当回原单位工作，而且在 5 年以内不得辞职或调离。如果在规定期限内辞职或申请调离，应当赔偿学校在进修期间为其支付的工资、奖金、学习费用以及报销的往返路费等，并支付相当于上述费用总和 20% 的违约金。2006 年 7 月，齐某在某师范大学进修期满，回到公司工作。2007 年 3 月，齐某与在异地工作的钟某结婚。同年 5 月，齐某向某公司提出了调动工作的要求，以解决夫妻二人两地分居的问题。学校要求齐某按照进修合同的约定支付上述费用。齐某认为，某公司的上述做法侵犯了其作为劳动者应当享有的择业自主权和接受职业培训及继续教育的权利，向人民法院起诉，要求依法维护其合法权益，判决准予其调动工作。

【专家评析】

我国教育法第 40 条规定：“从业人员有依法接受职业培训和继续教育的权利和义务。国家机关、企业事业组织和其他社会组织，应当为本单位职工的学习和培训提供条件和便利。”职业教育法第 5 条规定：“公民有依法接受职业教育的权利。”劳动法第 3 条第 1 款规定：“劳动者享有平等就业和选择职业的权利、取得劳动报酬的权利、休息休假的权利、获得劳动安全卫生保护的权利、接受职业技能培训的权利、享受社会保险和福利的权利、提请劳动争议处理的权利以及法律规定的其他劳动权利。”法律的上述规定确定了劳动者和用人单位在实行职业培训和继续教育时的权利义务。劳动合同法第 22 条第 1、2 款规定：“用人单位为劳动者提供专项培训费用，对其进行专业技术培训的，可以与该劳动者订立协议，约定服务期。”“劳动者违反服务期约定的，应当按照约定向用人单位支付违约金。

违约金的数额不得超过用人单位提供的培训费用。用人单位要求劳动者支付的违约金不得超过服务期尚未履行部分所应分摊的培训费用。”在本案中，齐某到某师范大学进修，是行使其合法权利；某公司也履行了“为本单位职工的学习和培训提供条件和便利”的法律义务。同时，齐某在行使其权利时也应当承担一定的义务，即按照进修合同的约定回原单位工作一定的年限。这样做符合权利义务相一致的原则。齐某在进修期满后回原单位工作的年限是双方通过合同的方式约定的，它反映了用人单位先期投入和人才资源利用在一定时期有所回报的利益要求。这种利益要求用合同的方式固定下来，成为一种新型的管理方式，贯彻了诚实信用和公平的原则。齐某不按进修合同的约定工作满一定的年限，是违约行为，应当承担违约责任。

齐某与某公司的进修合同还约定：如果齐某在规定期限内辞职或申请调离，应当赔偿学校在进修期间为其支付的工资、奖金、学习费用以及报销的往返路费等，并支付相当于上述费用总和20%的违约金。这是双方约定的齐某违反合同承担违约责任的方式。在本案中，双方当事人发生争议的原因就是对于承担违约责任的方式的分歧。在对劳动者这种违约行为的处理上，应当和一般的违约行为区别开来，不能因此而损害劳动者在单位工作期间已依法取得和享有的劳动者权利。劳动者在接受继续教育期间，仍是所在单位的一员，依法享有获得劳动报酬及其他福利待遇的法定权利，而且是不可逆转的。不能因为劳动者在接受继续教育期满后，回原单位工作不到约定期限即辞职或调离，就将劳动者在接受继续教育期间应得的劳动报酬和其他福利待遇予以追回。但是用人单位为劳动者接受继续教育投入了额外费用，如本案中的学习费用、报销的往返路费等则应当由劳动者予以返还。从这个角度让劳动者承担违约责任是比较可行的，也符合法律规定。

至于劳动者是否应当在此基础上支付一定比例的违约金，应当视劳动者辞职或调离的理由而定。对劳动者有正当理由的调离或辞职，也完全按照违约处理，要求其支付违约金，显然是不公平的。在本案中，齐某申请调离是为了解决夫妻两地分居的问题。其要求是正当、合理的。劳动合同法第22条规定："……违约金的数额不得超过用人单位提供的培训费用。用人单位要求劳动者支付的违约金不得超过服务期尚未履行部分所应分摊的培训费用……"因此，在劳动合同法正式实施后，对齐某未到约定的工作期限而申请调离，不宜完全按照违约处理，令其承担全部违约责任。齐某在赔偿某公司为其支付的进修期间的学习费用和报销的往返路费后，可以免除支付违约金的义务。

【法条指引】

中华人民共和国劳动法

第三条　劳动者享有平等就业和选择职业的权利、取得劳动报酬的权利、休息休假的权利、获得劳动安全卫生保护的权利、接受职业技能培训的权利、享受社会保险和福利的权利、提请劳动争议处理的权利以及法律规定的其他劳动权利。

劳动者应当完成劳动任务，提高职业技能，执行劳动安全卫生规程，遵守劳动纪律和职业道德。

中华人民共和国劳动合同法

第二十二条　用人单位为劳动者提供专项培训费用，对其进行专业技术培训的，可以与该劳动者订立协议，约定服务期。

劳动者违反服务期约定的，应当按照约定向用人单位支付违约金。违约金的数额不得超过用人单位提供的培训费用。用人单位要求劳动者支付的违约金不得超过服务期尚未履行部分所应分摊的培训费用。

用人单位与劳动者约定服务期的，不影响按照正常的工资调整机制提高劳动者在服务期期间的劳动报酬。

▶ 35. 用人单位可以依据法律规定与劳动者约定违约金吗？

【宣讲要点】

合同是当事人或当事双方之间设立、变更、终止民事关系的协议。平等民事主体之间在签订合同时，可以就违约金进行约定。因此，违约金是合同救济方式的一种，也是对违约的一种经济制裁。然而，劳动合同虽然同样冠以合同之名，在违约金的约定上却要受到严格的限制，这是出于防止用人单位利用自身的强势地位随意约定违约金损害劳动者利益的考虑。

【典型案例】

2009年9月1日，周某到甲公司工作，当日，双方签订了期限至2012年8月31日的劳动合同。2010年3月，甲公司因设计需要，决定派周某到某服装设计大学进行技术培训，双方签订了培训服务协议作为劳动合同附件，并对原劳动合同部分内容进行了变更。该协议约定：甲公司派周某到某服装设计大学技术培训3个月，2010年6月培训期满后，周某到岗上班，并必须为甲公司服务5年；培训费用由甲公司全额出资；原劳动合同期限变更至2015年5月31日止，同时约定如果周某在服务期内辞职，应支付甲公司违约金20000元。周某经过3个月的培训后回到甲公司工作，甲公司依约支付了15000元的培训费用。在2012年1月，甲公司与另一设计公司合并，成立了某时尚公司。2012年5月底，周某向某时尚公司提出解除劳动合同，双方劳动关系于2012年6月1日解除。某时尚公司认为周某违反了服务期的约定，因此申请仲裁要求周某缴纳违约金20000元。仲裁没有支持某时尚公司的申请请求。某时尚公司又向人民法院提起诉讼。人民法院审理后认为，甲公司安排周某到某服装设计大学培训并支付了培训费用，故其公司与周某订立的培训服务协议合法有效，双方应自觉履行。甲公司与某设计公司合并建立了某时尚公司，周某与甲公司订立的劳动合同和培训服务协议仍继续有效，由某时尚公司继续履行。因此，周某于2012年5月底提出解除劳动合同违反了双方约定，应当按约承担违约责任。然而本案中双方约定违约金20000元，多于实际支付的培训费用，而且周某已经依约履行了两年的服务期限，人民法院认为双方约定的违约金金额不符合法律的规定。因此，人民法院最终按照实际的培训费用和周某已经履行的服务期限，判决周某向某时尚公司支付违约金9000元。

【专家评析】

劳动合同法第25条规定："除本法第二十二条和第二十三条规定的情形外，用人单位不得与劳动者约定由劳动者承担违约金。"因此也就限定了用人单位与劳动者约定违约金的范围仅限两种情况。

第一种是劳动合同法第22条的规定，用人单位为劳动者提供专项培训费用，对其进行专业技术培训的，可以与该劳动者订立协议，约定服务期。劳动者违反服务期约定的，应当按照约定向用人单位支付违约金。违约金的数额不得超过用人单位提供的培训费用。用人单位要求劳动者支付的违约金不得超过服务期尚未履行部分所应分摊的培训费用。用人单位与劳动者约定服务期的，不影响按照正常的工资调整机制提高劳动者在服务期期间的劳动报酬。本案即属于此种情形。但是，对于违约金的数额也不宜过高，应以用人单位实际支付的培训费用及服务期尚未履行部分所应分摊的比例为限。所以本案中，法院认定双方约定的违约金金额过高不符合法律规定，并就违约金的数额进行了调整。

第二种是劳动合同法第23条的规定，用人单位与劳动者可以在劳动合同中约定保守用人单位的商业秘密和与知识产权相关的保密事项。对负有保密义务的劳动者，用人单位可以在劳动合同或者保密协议中与劳动者约定竞业限制条款，并约定在解除或者终止劳动合同后，在竞业限制期限内按月给予劳动者经济补偿。劳动者违反竞业限制约定的，应当按照约定向用人单位支付违约金。这是针对竞业限制的规定，本书在后文中会进行专题的讲解，在此不作赘述。

因此，除以上两种情形以外，用人单位不得与劳动者约定违约金，不得干涉和限制劳动者的择业自由。

【法条指引】

中华人民共和国劳动合同法

第二十二条 用人单位为劳动者提供专项培训费用，对其进行专业技术培训的，可以与该劳动者订立协议，约定服务期。

劳动者违反服务期约定的，应当按照约定向用人单位支付违约金。违约金的数额不得超过用人单位提供的培训费用。用人单位要求劳动者支付的违约金不得超过服务期尚未履行部分所应分摊的培训费用。

用人单位与劳动者约定服务期的，不影响按照正常的工资调整机制提高劳动者在服务期期间的劳动报酬。

第二十三条 用人单位与劳动者可以在劳动合同中约定保守用人单位的商业秘密和与知识产权相关的保密事项。

对负有保密义务的劳动者，用人单位可以在劳动合同或者保密协议中与劳动者约定竞业限制条款，并约定在解除或者终止劳动合同后，在竞业限制期限内按月给予劳动者经济补偿。劳动者违反竞业限制约定的，应当按照约定向用人单位支付违约金。

第二十五条 除本法第二十二条和第二十三条规定的情形外，用人单位不得与劳动者约定由劳动者承担违约金。

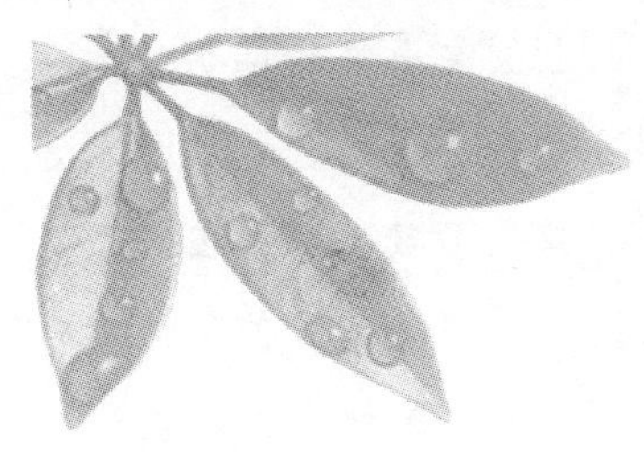

第二章 农民工的工作时间与休息休假

▶ 1. 用人单位违反规定要求农民工加班加点，应当如何处理？

【宣讲要点】

加班，是指劳动者在正常工作时间之外的法定节假日或公休日内，为了完成某项任务继续工作。加点，则是指劳动者在标准工作时间以外又延长劳动时间。依据劳动法规的规定，在一般情况下，用人单位不能进行加班加点。但是，在特殊情况下，用人单位可以依据法定的程序，在保障劳动者身心健康的前提下，适当地安排加班加点。

【典型案例】

某制砖厂是一家私人企业。为了扩大经营规模，该厂向全县招用农民工 200 多人，双方签订了为期 3 年的劳动合同。制砖厂在劳动合同中规定："凡经本制砖厂招用的农民工，一旦进入我厂，就必须严格遵守本厂的规定，服从本厂的安排。否则，就按违反劳动合同处理，缴纳 1000 元的违约金。" 2007 年 2 月 12 日，因县里为吸引外资，改善投资环境，大规模建造楼房、厂房。于是，制砖厂发布通知，要求工人加班、加点。工人每天工作 12 个小时，砖紧缺时，甚至长达 13 个小时，连公休日和法定节假日也得不到休息。制砖厂作出内部规定:“除县级以上医院出具的证明外,任何事假、病假都不允许。否则,按违反劳动合同约定,处以缴纳1000元的违约金。”1个月后,在繁重的体力劳动重压下,绝大多数工人都出现了身体不适。为此,工人纷纷向厂领导反映,要求缩短工作时间。但是,制砖厂领导认为,此时本厂的砖销路正旺,正是创收的大好时机,工人应该从大局利益出发,任劳任怨,提高本厂的经济效益。如果个别工人不听劝说,消极工作,就按违约处理,让其缴纳违约金。为了严肃厂规厂纪,制砖厂对因事未能加班加点的张某作出处分决定,解除劳动合同,并让其缴纳1000元的违约金。张某不服制砖厂的处理决定,向当地劳动争议仲裁委员会提出申请,请求制砖厂继续履行劳动合同,并归还张某缴纳的1000元违约金。

【专家评析】

劳动法第41条规定:“用人单位由于生产经营需要,经与工会和劳动者协商后可以延长工作时间,一般每日不得超过一小时;因特殊原因需要延长工作时间的,在保障劳动者身体健康的条件下延长工作时间每日不得超过三小时,但是每月不得超过三十六小时。”但是,在某些特殊情况下,为了维护用人单位的合法权益,我国法律又规定,用人单位在特殊情况下,可以合理地加班加点,延长劳动时间。劳动法第42条又进一步规定:“有下列情形之一的,延长工作时间不受本法第四十一条规定的限制:(一)发生自然灾害、事故或者因其他原因,威胁劳动者生命健康和财产安全,需要紧急处理的;(二)生产设备、交通运输线路、公共设施发生故障,影响生产和公众利益,必须及时抢修的;(三)法律、行政法规规定的其他情形。”劳动合同法第31条规定:“用人单位应当严格执行劳动定额标准,不得强迫或者变相强迫劳动者加班。用人单位安排加班的,应当按照国家有关规定向劳动者支付加班费。”因此,可以看出,我国法律对用人单位的加班加点作了灵活性的规定,在正常情况下,国家不允许加班加点,但是,为了发展生产、稳定社会,又在一定程度上允许用人单位依据法律规定,合理安排劳动者加班加点,延长劳动时间,但必须按照国家有关规定向劳动者支付加班费。本案中，制砖厂为了追求经济利益，无视国家劳动法规的规定，无视劳动者的身心健康，安排张某等劳动者加班加点，不合理地延长劳动时间，不属于劳动法第42条以及相关劳动法规规定的特殊情况，而且在强迫劳动者加班加点后，并未支付劳动者加班加点的工资，其行为严重损害了劳动者的合法权益。同时，制砖厂利欲熏心，明显违反劳动法的规定，采取强制性的手段，强迫劳动者每日工作12个小时，甚至长达13个小时，远远超过了法律规定的合理时限。制砖厂不顾劳动者的身心健康，就连法定节假日也安排劳动者工作，严重违反了劳动法规的规定。

为了保护劳动者的合法权益，防止用人单位滥用权利，劳动合同法在第4条第2、3、4款中明确规定："用人单位在制定、修改或者决定有关劳动报酬、工作时间、休息休假、劳动安全卫生、保险福利、职工培训、劳动纪律以及劳动定额管理等直接涉及劳动者切身利益的规章制度或者重大事项时，应当经职工代表大会或者全体职工讨论，提出方案和意见，与工会或者职工代表平等协商确定。""在规章制度和重大事项决定实施过程中，工会或者职工认为不适当的，有权向用人单位提出，通过协商予以修改完善。""用人单位应当将直接涉及劳动者切身利益的规章制度和重大事项决定公示，或者告知劳动者。"在本案中，制砖厂显然没有和工会或者职工协商，直接发出通知在工厂内施行。在工人们纷纷向厂领导反映制度不当、要求缩短劳动时间时，用人单位根本没有通过协商予以修改完善，而是简单粗暴地予以拒绝。制砖厂无视国家的法律规定，制定不平等的内部规定，强迫劳动者加班加点，其行为是违反法律规定的。同时，劳动合同法第25条规定："除本法第二十二条和第二十三条规定的情形外，用人单位不得与劳动者约定由劳动者承担违约金。"该法第22条规定的是劳动者违反服务期约定的情形，第23条规定的是劳动者违反竞业限制的情形，本案中制砖厂规定的"除县级以上医院出示的证明外，任何事假、病假都不允许。否则，按违反劳动合同约定，处以缴纳1000元的违约金"，显然不在劳动合同法第22条、第23条规定之列，应属无效规定。张某有权依据法律的规定，享有休息休假的权利，对此制砖厂加以剥夺，是违法的。

综上所述，当地劳动争议仲裁委员会应当依法裁决制砖厂的行为违法，并应当支付张某加班加点工资，归还张某缴纳的违约金。

【法条指引】

中华人民共和国劳动法

第四十一条 用人单位由于生产经营需要，经与工会和劳动者协商后可以延长工作时间，一般每日不得超过一小时；因特殊原因需要延长工作时间的，在保障劳动者身体健康的条件下延长工作时间每日不得超过三小时，但是每月不得超过三十六小时。

第四十二条 有下列情形之一的，延长工作时间不受本法第四十一条规定的限制：

（一）发生自然灾害、事故或者因其他原因，威胁劳动者生命健康和财产安全，需要紧急处理的；

（二）生产设备、交通运输线路、公共设施发生故障，影响生产和公众利益，必须及时抢修的；

（三）法律、行政法规规定的其他情形。

中华人民共和国劳动合同法

第四条 用人单位应当依法建立和完善劳动规章制度，保障劳动者享有劳动权利、履行劳动义务。

用人单位在制定、修改或者决定有关劳动报酬、工作时间、休息休假、劳动安全卫生、保险福利、职工培训、劳动纪律以及劳动定额管理等直接涉及劳动者切身利益的规章制度或者重大事项时，应当经职工代表大会或者全体职工讨论，提出方案和意见，与工会或者职工代表平等协商确定。

在规章制度和重大事项决定实施过程中，工会或者职工认为不适当的，有权向用人单位提出，通过协商予以修改完善。

用人单位应当将直接涉及劳动者切身利益的规章制度和重大事项决定公示，或者告知劳动者。

第三十一条　用人单位应当严格执行劳动定额标准，不得强迫或者变相强迫劳动者加班。用人单位安排加班的，应当按照国家有关规定向劳动者支付加班费。

▶ 2. 不同意每天工作 12 小时违反劳动合同吗？

【宣讲要点】

我国实行劳动者每日工作时间不超过 8 小时、平均每周工作时间不超过 44 小时的工时制度。

【典型案例】

董某等一行 12 人从某省农村来到沿海某市打工。2000 年 2 月，董某等 12 人与某公司签订了为期 1 年的合同。公司提出两种工作时间制度让劳动者选择：一种是每天工作 12 小时，超时支付加班工资；另一种是每天工作 8 小时，但实行计件工资。董某等选择了前者，即同意每天工作 12 小时。由于董某等以前没有从事过该工作，加之该市天气炎热，逐渐感到身体支撑不住。于是 1 个月后，董某等 12 人提出不愿工作 12 小时，也不要加班工资。然而某公司却以加班协商后职工都同意为名，且在合同里作了规定，若董某等每天不工作 12 小时，就是违反合同，每人要承担违约金 500 元。董某等 12 人不服，向当地劳动争议仲裁委员会提出申诉，请求某公司执行每天 8 小时工作时间制度。仲裁委员会认为，虽然董某等 12 人与某公司签订了书面劳动合同，且合同规定必须每天每人工作 12 小时，但这一规定是违反劳动法第 36 条等有关规定的，属于无效条款。经调解，某公司同意把全体劳动者工作时间改为每天工作 8 小时。

【专家评析】

本案涉及的一个重要法律问题，即法律规定的标准工作时间与劳动合同约定的劳动时间之间是一种什么关系。其实它们之间的关系就是法理上强制性法规与任意性法规之间的关系。在我国，工作时间制度和休息休假制度是保护劳动者身体健康和劳动过程中安全生产所需要的法律制度，因此这一规定在我国是强制性法律规范，不管用人单位还是劳动者都必须遵守执行。用人单位与劳动者之间就工作时间这一问题只能在法律规定范围之内进行协商，这也就是说，工作时间只能少于法律规定的时间，不得高于法律规定的时间，除非法律有特别规定。超过法律规定的劳动时间就是违法行为。

根据我国劳动法有关规定，违反法律、行政法规的劳动合同属于无效合同。无效的劳动合同，从订立的时候起，就没有法律效力。本案当事人协商约定的每天工作 12 个小时违反了劳动法第 36 条规定，即国家实行劳动者每日工作时间不得超过 8 小时。因此，董某等人与某公司在劳动合同中约定工作 12 小时属于无效合同条款。

【法条指引】

中华人民共和国劳动法

第十八条 下列劳动合同无效：

（一）违反法律、行政法规的劳动合同；

（二）采取欺诈、威胁等手段订立的劳动合同。

无效的劳动合同，从订立的时候起，就没有法律约束力。确认劳动合同部分无效的，如果不影响其余部分的效力，其余部分仍然有效。

劳动合同的无效，由劳动争议仲裁委员会或者人民法院确认。

第三十六条 国家实行劳动者每日工作时间不超过八小时、平均每周工作时间不超过四十四小时的工时制度。

▶ 3. 用人单位变相延长劳动时间合法吗？

【宣讲要点】

我国法律禁止用人单位变相延长劳动者的劳动时间。用人单位若要延长劳动者的工作时间的前提条件是用人单位须有特殊情况和紧急任务，并且要与劳动者协商一致。

【典型案例】

郭某、王某系某镇农民，2002 年 6 月他们受聘于某照明有限公司。不久公司以生产任务紧、工人人手不足为由，将原来由 4 人承担的灯具装箱入库工作改由郭某、王某承担。5 天后，郭某、王某向公司提出工作量太大，每天要多干 4 个多小时才能完成任务，要求增加人手。公司不同意增加人手，超时工作可以给加班费。两个月后，郭某、王某提出身体极度疲劳，无法继续照此工作，要求公司解决问题。公司答复说，要么继续干，要么走人。双方为此发生争议。

【专家评析】

根据我国劳动法规定，用人单位由于生产经营需要，经与工会和劳动者协商后可以延长工作时间，一般每日不得超过 1 小时；因特殊原因需要延长工作时间的，在保障劳动者身体健康的条件下延长工作时间每日不得超过 3 小时，但是每月不得超过 36 小时。用人单位不得违反本法规定延长劳动者的工作时间。

本案是一起因变相延长工作时间引发的劳动争议。郭某、王某可以向劳动争议仲裁委员会申请仲裁，要求公司立即停止变相延长工作时间的行为。如果延长工作时间已经损害郭某、王某的身心健康，他们可以在仲裁时一并提出赔偿请求。本案的关键在于对某公司行为性质的认定。从表面上看，某公司并没有明确要求郭某、王某每天加班，但是两人承担的工作任务的确无法在正常工作时间内完成，必须加班加点，这在实际上就延长了郭某、王某的工作时间。郭某、王某向公司反映后，公司曾明确答复给他们二人加班费。因此，某公司的行为应当认定为要求郭某、王某加班。某公司延长工作时间的行为本身是不合法的：（1）某公司要求郭某、王某加班的理由于法无据。延长工作时间应当严格地符合法律规定的特定情形。短期内生产任务紧、工人人手不足可以通过加班来解决。如果长期生产任务紧、工人人手不足就只能通过增加工人来解决，而不是长期延长工人的劳动时间。(2) 某公司要求工人加班的行为违反了有关延长工作时间长度的规定。某公司在没有合法理由的情况下，要求郭某、王某在长达几个月的时间内每天加班4个小时，而且基本上天天如此，从而违反了劳动法第41条有关延长劳动时间的规定。综上所述，某公司应当立即停止长期延长郭某、王某工作时间的行为。此外，郭某、王某可以向当地劳动行政部门检举某公司侵害劳动者休息权的行为。

【法条指引】

中华人民共和国劳动法

第四十一条 用人单位由于生产经营需要，经与工会和劳动者协商后可以延长工作时间，一般每日不得超过一小时；因特殊原因需要延长工作时间的，在保障劳动者身体健康的条件下延长工作时间每日不得超过三小时，但是每月不得超过三十六小时。

第四十三条 用人单位不得违反本法规定延长劳动者的工作时间。

▶ 4. 公司能否安排农民工每月加班超过36小时？

【宣讲要点】

劳动者的休息权不允许被侵犯。用人单位与劳动者协商，经劳动者同意可以延长劳动者的工作时间，但延长的时间不能超过规定的标准，不能无限延长，要保证劳动者的基本休息时间。

【典型案例】

唐某是某中外合资电子有限公司招聘的合同制工人，2000年3月双方签订的劳动合同规定：合同期3年，工资实行计时工资，每小时1.2元，每天工作8小时，加班按每小时1.8元计发工资。从2001年3月1日起，公司以紧急完成外国公司订货为由，要求装配车间职工每日加班5小时。

每次加班前均由劳动者签署同意加班意见，3 月 1 日至 4 月 1 日唐某累计加班 120 小时。4 月 15 日，因过度疲劳，晚上 10 点半，唐某倒在装配线上，当即被送往医院治疗，出院后公司管理部仍然要求唐某只有在每日加班 5 小时前提下，才报销医疗费用。唐某不服，遂于 5 月 22 日向当地劳动仲裁委员会申诉。

【专家评析】

用人单位由于生产经营需要，经与工会和劳动者协商后可以延长工作时间，一般每日不超过 1 小时；因特殊原因需要延长工作时间的，在保障劳动者身体健康的条件下延长工作时间每日不得超过 3 小时，但是每月不得超过 36 小时，而本案中唐某每日加班 5 小时，月加班达到 120 小时，严重损害了唐某的身体健康并引发事故而住院医治。用人单位的做法严重违反了劳动法的规定。应当根据劳动法有关规定，责令其改正。同时，由于用人单位原因，造成唐某住院治疗，所花费用理应由用人单位负责，不得附加不合法的前提条件。

【法条指引】

中华人民共和国劳动法

第四十一条　用人单位由于生产经营需要，经与工会和劳动者协商后可以延长工作时间，一般每日不得超过一小时；因特殊原因需要延长工作时间的，在保障劳动者身体健康的条件下延长工作时间每日不得超过三小时，但是每月不得超过三十六小时。

第九十条　用人单位违反本法规定，延长劳动者工作时间的，由劳动行政部门给予警告，责令改正，并可以处以罚款。

▶ 5. 企业因故停产，为完成任务组织加班能否不支付加班工资？

【宣讲要点】

用人单位依法安排劳动者在法定标准工作时间以外延长工作时间的，应按照不低于劳动合同规定的劳动者本人小时工资标准的150%支付劳动者工资。

【典型案例】

程某等15人系某淀粉厂酶制剂车间雇佣的合同制农民工。2001年5月25日，某淀粉厂所在地段因供水管道发生故障停水，致使该厂酶制剂车间无法正常工作。经厂长同意，酶制剂车间主任宣布全车间职工休息1天，即5月25日全天休息。5月26日供水恢复，淀粉厂为完成月工作任务，决定加班4天，即5月26日至29日每天加班2小时。程某等认为加班加点应按照劳动法有关规定，由企业支付加班工资。某淀粉厂不同意给加班工资，理由是，程某等5月25日因停水放假休息1天，占用工作时间8小时，之后连续4天加班，每天加班2小时，共计8小时，二者相互抵消，不应再给加班工资。双方就此发生争议，程某等遂向当地劳动争议仲裁委员会提出仲裁申请。

【专家评析】

本案中，企业遇到停水等情况不能进行正常生产，可以组织职工维修保养设备，也可以给职工放假，使职工得到休息。根据原劳动部《贯彻〈国务院关于职工工作时间的规定〉的实施办法》的有关规定，企业根据所在地的供电、供水和交通等实际情况，经与工会和职工协商后，可以灵活安排周休息日。因此，企业可以通过同工会和职工协商后，将因停水放假与周休日调换，也就是因停水放假1天，下周休息日可以不休息。

根据《工资支付暂行规定》第13条第1项规定：用人单位依法安排劳动者在日法定标准工作时间以外延长工作时间的，按照不低于劳动合同规定的劳动者本人小时工资标准的150%支付劳动者工资。因此，被诉人应按此规定向申诉人支付加班工资。将因停水放假1天与加班4天8小时相抵消不给加班工资是不符合劳动法及有关法规规定的，应予纠正。

【法条指引】

《国务院关于职工工作时间的规定》的实施办法

第九条　企业根据所在地的供电、供水和交通等实际情况，经与工会和职工协商后，可以灵活安排周休息日。

工资支付暂行规定

第十三条　用人单位在劳动者完成劳动定额或规定的工作任务后，根据实际需要安排劳动者在法定标准工作时间以外工作的，应按以下标准支付工资：

（一）用人单位依法安排劳动者在日法定标准工作时间以外延长工作时间的，按照不低于劳动合同规定的劳动者本人小时工资标准的150%支付劳动者工资；

……

▶ 6. 综合计算工时农民工的休息如何保证？

【宣讲要点】

对于因为工作性质或生产特点的限制，实行不定时工作制或综合计算工时工作制等其他工作和休息办法的职工，企业应根据劳动法和《国务院关于职工工作时间的规定》的有关条款，在保障职工身体健康并充分听取职工意见的基础上，采取集中工作、集中休息、轮休调休、弹性工作时间等适当的工作和休息方式，确保职工的休息休假权利和生产、工作任务的完成。同时，各企业主管部门也应积极创造条件，尽可能使企业的生产任务均衡合理，帮助企业彻底解决工作中的实际问题。

【典型案例】

何某是农村户口，通过培训掌握了汽车驾驶技术，他和两名老乡与某市某建筑公司签订了一份为期 3 年的劳动合同，合同约定：某公司实行综合计算工时制，不能保证劳动者按照标准工作时间上班，也不能保证每周休息 1 天。何某等人考虑到当地雨季和霜冻期较长，每年真正能干活的时间很少，就同意了该条款。后来，何某等人了解到，公司实行综合计算工时制是经过当地劳动行政部门批准的，是合法的。于是，他们就服从了公司分配的工作，开车运送工人、原材料、设备等。但当年气候一改往年，气温回升快，雨水也较少，何某等人的工作任务因此就比较繁重，经常起居不定、昼夜兼程。到入冬前，较之往年已经多工作了一个半月，但考虑到收入较多，何某等人未提出任何意见，想忙完这项工程就可以好好休息一段时间了。往年入冬后是公司的淡季，按审批的综合计算工时制的规定，工人们应集中休息，而这年冬天，公司却在南方承揽了一项工程，领导决定入冬后马上南下。何某等人找到领导，提出由于天气变化，在本地已经多干了很多活，又没有充分休息，身心疲惫，希望能够留在本地休息 1 个月。但领导表示，综合计算工时不可能像标准工时那样保证休息，否则将按旷工处理。

【专家评析】

本案中，某公司的做法是错误的。何某等人早已完成了该年度的工作时间。如果再南下，工作时间将大大超过法定标准工作时间。根据原劳动部在 1994 年 12 月 14 日发布的《关于企业实行不定时工作制和综合计算工时制的审批办法》中的有关规定："对于实行不定时工作制和综合计算工时工作制等其他工作和休息办法的职工，企业应根据《中华人民共和国劳动法》第一章、第四章有关规定，在保障职工身体健康并充分听取职工意见的基础上，采取集中工作、集中休息、轮休调休、弹性工作时间等适当方式，确保职工的休息休假权利和生产、工作任务的完成。"同时，劳部发〔1996〕106号文件指出：实行综合计算工时制度的，其工作时间可分别以月、季、年为周期，综合计算工作时间，但其平均日工作时间和平均周工作时间应与法定标准工作时间基本相同。本案中，公司应当按劳动行政部门审批的，在相应的周期时间内安排劳动者工作和休息，无权随意安排职工的工作时间。

【法条指引】

中华人民共和国劳动法

第三十九条　企业因生产特点不能实行本法第三十六条、第三十八条规定的，经劳动行政部门批准，可以实行其他工作和休息办法。

▶ 7. 实行不定时工作制可以超过8小时吗？

【宣讲要点】

经过批准的实行不定时工作制的职工，由于其工作时间不固定，无法按标准工作时间来计算，故不受标准时间（即每天8小时）的限制，超过8小时的工作不视为延长工作时间，不算加班加点。实行不定时工作制的劳动者，不适用延长工作时间发放加班工资的规定。

【典型案例】

农民工陆某被招聘为某厂货运装卸组职工，该厂货运装卸班组共有7名职工，货运装卸工作具有不固定性，一般随车辆、货运产品生产情况而定，陆某等人经常在上班时间无装卸任务，下班后因运输货物的车辆进厂需要立即装卸，所以陆某所在班组装卸货物的时间也不确定，有时要在下班后完成装卸任务，货物多时用时多，货物少时用时少。因工厂每月给陆某等一定的加班工资，陆某也没有意见。后来，工厂经当地劳动行政部门批准，对企业内部分工作岗位的职位实行了不定时工作制，陆某所在的货运装卸岗位也属于被批准的实行不定时工作制的岗位。这样，由于工作需要，有时陆某需要超过8小时工作，而且还没有加班工资。陆某大为不满，向工厂提出让其在8小时以外加班应该支付加班工资。工厂的意见则是，陆某有时也存在一连几天工作不满8小时的情况，而且对陆某实行的是不定时工作制，于是，拒绝了陆某的要求。陆某不服，向当地劳动争议仲裁委员会提出了仲裁申请，请求工厂支付拖欠的加班工资，并根据国家规定加发所拖欠工资25%的经济补偿金。仲裁委员会经调查后认为，某厂实行的是不定时工作制，并且是经过劳动保障部门批准的，陆某不存在加班的问题，对陆某的请求不予支持。

【专家评析】

根据原劳动部《工资支付暂行规定》第13条的规定，实行不定时工作制的劳动者，不适用延长工作时间发放加班工资的规定。这是不定时工作制的一个特点。陆某的工作属于装卸，符合实行不定时工作制的条件，他提出支付加班工资的要求是没有依据的。

【法条指引】

中华人民共和国劳动法

第四十四条 有下列情形之一的，用人单位应当按照下列标准支付高于劳动者正常工作时间工资的工资报酬：

（一）安排劳动者延长工作时间的，支付不低于工资的百分之一百五十的工资报酬；

（二）休息日安排劳动者工作又不能安排补休的，支付不低于工资的百分之二百的工资报酬；

（三）法定休假日安排劳动者工作的，支付不低于工资的百分之三百的工资报酬。

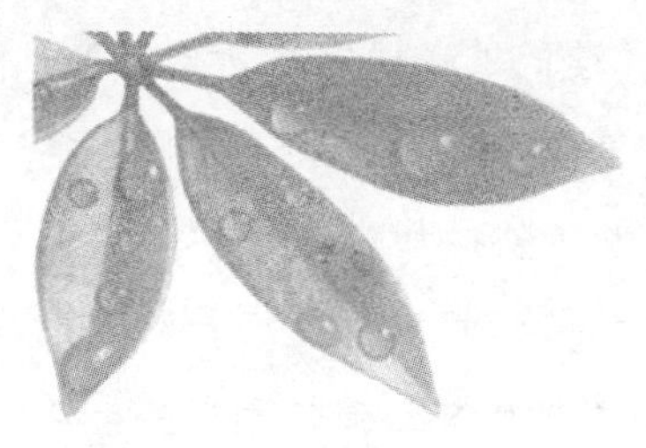

第三章
农民工的劳动报酬

▶ 1. 最低工资的适用范围有哪些？

【宣讲要点】

最低工资是指劳动者在法定工作时间内提供了正常劳动的前提下，用人单位应当支付的最低限度的劳动报酬。根据有关规定，延长工作时间的工资，中班、夜班、高温、低温、井下、有毒、有害等特殊工作环境条件下的津贴以及法律、法规和国家规定的劳动者福利待遇等不包括在最低工资范围内。

【典型案例】

赵某等 12 人从农村来到某市水泥厂务工。1998 年以后，厂里效益不好，出现亏损。当时，当地出台了最低工资标准，每月为 280 元，厂里决定每月发给工人 280 元工资，其中包括加班费和夜班补助费。厂方认为，加班费和夜班补助费是最低工资的组成部分，不应再另行发给，职工则不同意，协商不成，于是申请劳动仲裁。仲裁庭裁决厂方应另行支付职工夜班补助和加班工资。厂方不服起诉至人民法院，人民法院审理后，依照劳动法和《最低工资规定》，判决厂方败诉，维持仲裁结果。

【专家评析】

这是一起因支付工资发生的争议，过错显然在厂方。水泥厂当地最低工资标准为每月280元，正是依据劳动法和《最低工资规定》所确定的。最低工资是指劳动者在法定工作时间内提供了正常劳动的前提下，用人单位应当支付的最低限度的劳动报酬。而加班费（包括加班工资和加点工资），是超过法定工作时间而进行工作所享有的劳动报酬。夜班补贴是指在特殊工作环境和条件下应享有的、补偿劳动者额外劳动消耗和额外生活费用支出而建立的一种补偿性的报酬。这些都不是劳动法所规定的最低工资的组成部分。因此，本案中赵某等除应依法享有最低工资外，还应享受加班工资和夜班工资。

【法条指引】

中华人民共和国劳动法

第四十八条 国家实行最低工资保障制度。最低工资的具体标准由省、自治区、直辖市人民政府规定，报国务院备案。

用人单位支付劳动者的工资不得低于当地最低工资标准。

第四十九条 确定和调整最低工资标准应当综合参考下列因素：

（一）劳动者本人及平均赡养人口的最低生活费用；

（二）社会平均工资水平；

（三）劳动生产率；

（四）就业状况；

（五）地区之间经济发展水平的差异。

最低工资规定

第十二条第一款 在劳动者提供正常劳动的情况下，用人单位应支付给劳动者的工资在剔除下列各项以后，不得低于当地最低工资标准：

（一）延长工作时间工资；

（二）中班、夜班、高温、低温、井下、有毒有害等特殊工作环境、条件下的津贴；

（三）法律、法规和国家规定的劳动者福利待遇等。

▶ 2. 农民工试用期的工资，能否适用最低工资标准？

【宣讲要点】

法律关于最低工资标准的规定，适用于在法定时间内履行了正常劳动义务的任何劳动者。劳动者与用人单位形成或建立劳动关系后，虽然是在试用、熟练、见习期间，但仍然是在法定工作时间内提供了正常劳动，其所在的用人单位就应当支付其不低于最低工资标准的工资。

【典型案例】

农民工赵某于2007年2月到某城市务工。在劳务市场，赵某见某超市正在招收售货员，遂前往应聘。在招聘过程中，招聘负责人没有向赵某说明工资和其他福利待遇的情况，仅告知赵某试用期为3个月，提供食宿。赵某找工作心切，也没有细问。2007年4月，赵某在某超市上班满2个月，该超市仍然没有发给赵某工资。赵某见状，向超市负责人提出辞职，并要求发给前2个月的工资。超市的负责人告知赵某，试用期的工资只有200元。赵某认为工资过低，与超市负责人发生争执。赵某经咨询后得知该单位同岗位最低工资标准是每月300元。赵某遂向当地劳动争议仲裁委员会提出仲裁申请，要求该超市按照最低工资标准发给2个月的工资。

【专家评析】

所谓最低工资标准，是指劳动者在法定工作时间或依法签订的劳动合同约定的工作时间内提供了正常劳动的前提下，用人单位依法应支付的最低劳动报酬。把握最低工资标准的概念，应当注意以下两个方面：（1）法定工作时间或依法签订的劳动合同约定的工作时间。劳动法确定的法定的工作时间为每日工作8小时、每周工作44小时。除法律、法规有特殊规定的情况，劳动者工作时间达到这个标准即为达到法定工作时间。劳动合同约定的工作时间可以低于法定工作时间，但不得高于法定工作时间。

(2) 正常劳动。正常劳动是指工薪劳动者按照劳动合同或集体合同在法定工作时间内提供的劳动。只要劳动者提供的劳动达到了这两个要求，用人单位就应当支付给劳动者不低于最低工资标准的劳动报酬。如果劳动者在法律规定或合同规定之外提供了超额劳动，或者劳动场所、方式、环境发生不利于劳动者的变化的情况下提供了劳动，劳动者应当获得额外的报酬。如果劳动者未完成法律规定的或劳动合同约定的工作，用人单位可以扣除劳动者的收入，即使扣除后的劳动报酬低于最低工资标准也不受限制。①

《最低工资规定》适用于在我国境内的企业、民办非企业单位、有雇工的个体工商户和与之形成劳动关系的劳动者。最低工资标准适用于与用人单位建立了劳动关系的全部劳动者，不论其是否在试用期内，还是已经过了试用期成为企业的正式职工。因为即使在试用期内，只要劳动者在法定或者劳动合同约定的工作时间内提供了正常劳动，其获得不低于法律规定的最低工资标准的权利就应当得到保护。劳动合同法第 20 条规定："劳动者在试用期的工资不得低于本单位相同岗位最低档工资或者劳动合同约定工资的百分之八十，并不得低于用人单位所在地的最低工资标准。"第 30 条第 1 款规定："用人单位应当按照劳动合同约定和国家规定，向劳动者及时足额支付劳动报酬。"本案中，赵某在试用期间，在法定的工作时间内提供了正常劳动，其取得劳动报酬的权利应当受到最低工资规定的保护。某超市给予赵某的每月 200 元的试用期工资，低于当地最低工资标准，违反了《最低工资规定》和劳动合同法的相关规定，应当予以纠正。

【法条指引】

中华人民共和国劳动法

第四十八条 国家实行最低工资保障制度。最低工资的具体标准

---

① 马原主编：《劳动法条文精释》，人民法院出版社 2003 年版，第 343 页。

由省、自治区、直辖市人民政府规定，报国务院备案。

用人单位支付劳动者的工资不得低于当地最低工资标准。

最低工资规定

第二条第一款　本规定适用于在中华人民共和国境内的企业、民办非企业单位、有雇工的个体工商户（以下统称用人单位）和与之形成劳动关系的劳动者。

第三条第一款　本规定所称最低工资标准，是指劳动者在法定工作时间或依法签订的劳动合同约定的工作时间内提供了正常劳动的前提下，用人单位依法应支付的最低劳动报酬。

▶ 3. 没有完成任务影响最低工资标准的支付吗?

【宣讲要点】

在劳动合同中，双方当事人约定的劳动者在未完成劳动定额或承包任务的情况下，用人单位可低于最低工资标准支付劳动者工资的条款不具有法律效力。

【典型案例】

2003年6月，某物资贸易中心公开向社会招聘营销人员，刘某来自农村，高中毕业，经面试合格被录用。为此，双方签订了一份聘用协议，其中第8款规定：聘用人员的工资报酬根据其完成营销情况额来确定。如果第1个月完不成基本营销额，聘用人员只可享受基本生活费220元，连续2个月完不成营销额，将停发生活费。协议生效后，刘某尽职尽责，顺利完成了自己的营销任务。8月中旬，刘某因病住院，1个月后病愈。由于身体原因，出院上班后第1个月，刘某只完成了营销额的一半，第2个月只完成了营销额的三分之二。该物资贸易中心根据聘用协议停发了刘某的生活费。刘某不服到当地劳动争议仲裁委员会申请仲裁，要求单位按照最低工资标准向其支付出院上班后2个月的工资。

【专家评析】

劳动法所规定的最低工资，是指劳动者在法定工作时间内履行了正常劳动义务的前提下，由其所在单位支付的最低劳动报酬。原劳动部《关于贯彻执行〈中华人民共和国劳动法〉若干问题的意见》中规定："在劳动合同中，双方当事人约定的劳动者在未完成劳动定额或承包任务的情况下，用人单位可低于最低工资标准支付劳动者工资的条款不具有法律效力。"本案中，刘某因身体原因未能完成劳动定额，单位就按基本生活费待遇支付刘某的工资，甚至停发生活费，是违法行为，应予纠正。该物资贸易中心应当按照当地最低工资标准向刘某支付出院上班后的2个月工资。

【法条指引】

关于贯彻执行《中华人民共和国劳动法》若干问题的意见

56. 在劳动合同中，双方当事人约定的劳动者在未完成劳动定额或承包任务的情况下，用人单位可低于最低工资标准支付劳动者工资的条款不具有法律效力。

▶ 4. 用人单位支付给农民工的不低于最低工资标准的工资中是否应当包含伙食、交通补助等福利待遇?

【宣讲要点】

在劳动者提供正常劳动的情况下，用人单位应支付给劳动者的工资，在剔除延长工作时间的工资，中班、夜班、高温、低温、井下、有毒、有害等特殊工作环境条件下的津贴以及法律、法规和国家规定的劳动者福利待遇等以后，不得低于当地最低工资标准。劳动者所获得的伙食、交通等补助，不是对劳动者法定时间内提供正常劳动的报酬，而是对劳动者在正常劳动以外的其他合理负担和必要支出的一种补偿。

【典型案例】

饶某系农村户口，初中毕业后在家待业。2003年12月，他受聘于某地的一家公司担任业务员。按照公司规定，饶某每天应当访问20家以上的客户并取得客户的详细资料。完成定额后，可取得提成奖励；未完成定额，仅能取得基本工资和必要的补助。饶某的基本工资为200元，月伙食和交通补助50元。由于饶某刚到该地，人地生疏，每天工作10个小时，仅能访问10家左右的客户。其他熟练的业务员每天也仅能完成定额。2004年2月，饶某向公司提出辞职，要求公司发给其前2个月的劳动报酬。某公司以饶某没有完成定额为由，仅同意发给饶某基本工资和伙食、交通补助。2个月共计500元。饶某认为自己为访问客户开销的各种费用已远远超过了上述基本工资和补助，公司制定的劳动定额不合理，要求公司按每月500元计算，发放自己前2个月的劳动报酬。某公司予以拒绝。饶某向当地劳动争议仲裁委员会提请仲裁。（当地公布的最低月工资标准为230元。）

【专家评析】

本案中，饶某在某公司工作期间，由于未完成工作定额，只能获得基本工资和伙食、交通等补助。本案争议的焦点就是用人单位支付给劳动者的不低于最低工资标准的工资中是否应当包含伙食、交通补助等福利待遇。如果包括上述补助，该劳动报酬就高于当地的最低工资标准；否则就低于当地的最低工资标准。这里首先要解决的一个问题就是饶某是否在法定的工作时间内提供了正常劳动，这关系到饶某是否有权要求获得不低于最低工资标准的劳动报酬的问题。从饶某在该公司工作的实际情况看，其为完成工作定额，每天工作10个小时，超出了每日8小时的法定工作时间。而且该公司制定的劳动定额不合理，作为熟练的业务员也仅能勉强完成定额。饶某不仅提供了法定工作时间内的正常劳动，而且还提供了法定工作时间以外的额外劳动。因此，饶某不仅应当获得不低于最低工资标准的劳动报酬，还应当获得额外的劳动报酬。

【法条指引】

最低工资规定

第十二条 在劳动者提供正常劳动的情况下，用人单位应支付给劳动者的工资在剔除下列各项以后，不得低于当地最低工资标准：

（一）延长工作时间工资；

（二）中班、夜班、高温、低温、井下、有毒有害等特殊工作环境、条件下的津贴；

（三）法律、法规和国家规定的劳动者福利待遇等。

实行计件工资或提成工资等工资形式的用人单位，在科学合理的劳动定额基础上，其支付劳动者的工资不得低于相应的最低工资标准。

劳动者由于本人原因造成在法定工作时间内或依法签订的劳动合同约定的工作时间内未提供正常劳动的，不适用于本条规定。

▶ 5. 单位将抵债商品作为工资发放，是否符合法律规定？

【宣讲要点】

工资应当以货币形式按月支付给劳动者本人，不得克扣或无故拖欠劳动者的工资。工资应当以法定货币支付，不得以实物及有价证券替代货币支付。

【典型案例】

农民工章某系某市汽车贸易公司聘用的销售员。2005 年 12 月，章某与汽车贸易公司签订书面劳动合同，合同规定：章某的月工资为人民币 420 元，奖金按销售业绩提成；每月工资的支付日期为 30 日前，合同期限为 3 年。2006 年某工厂曾向汽车贸易公司购买汽车两台，购车时支付了部分货款，尚欠人民币 10 万元未付。因某工厂无资金偿还汽车贸易公司的货款，2007 年 1 月 23 日，汽车贸易公司与某工厂商定：某工厂以其生产组装取暖器抵偿债务，每台取暖器折价250元。同年1月28日前，汽车贸易公司将400台抵债商品取暖器运回公司。因取暖器在市场上难以销售，汽车贸易公司董事会研究决定将抵债商品取暖器以每台100元的价格发售给公司职工，贷款从公司职工的工资中扣除，每个职工每月扣除人民币200元。章某因销售业绩不好，除公司所发的合同工资420元人民币外，并无业务提成奖金，章某的妻子长期无工作，在省吃俭用的情况下，全家每月420元人民币收入勉强维持生计，每月扣除200元人民币后，生活十分困难。章某以经济困难为由要求公司全额发放工资。遭到拒绝，遂向当地劳动争议仲裁委员会提出申诉，要求汽车贸易公司按照合同规定发放工资。

【专家评析】

工资保障，是指保障劳动者按时得到其应得的全部工资并且保障其能自由支配和使用全部工资的权利。劳动法第50条规定："工资应当以货币形式按月支付给劳动者本人。不得克扣或者无故拖欠劳动者的工资。"《工资支付暂行规定》第5条进一步明确规定："工资应当以法定货币支付。不得以实物及有价证券替代货币支付。"劳动合同法第30条第1款规定："用人单位应当按照劳动合同约定和国家规定，向劳动者及时足额支付劳动报酬。"第85条规定："用人单位有下列情形之一的，由劳动行政部门责令限期支付劳动报酬、加班费或者经济补偿；劳动报酬低于当地最低工资标准的，应当支付其差额部分；逾期不支付的，责令用人单位按应付金额百分之五十以上百分之一百以下的标准向劳动者加付赔偿金：（一）未按照劳动合同的约定或者国家规定及时足额支付劳动者劳动报酬的……"工资是对劳动者所提供劳动的回报，同时也是劳动者维持生存的基础，在社会化大生产的商品经济时代，货币是流通和支付的最主要手段，只有用法定的货币来支付劳动者的工资，才能确保工资职能的实现。本案中，取暖器属于典型的实物，并非法定货币，职工将取暖器领回家以后，很难换回所急需的柴米油盐。汽车贸易公司尽管是降价销售，但以实物代替工资发放完全违背了我国劳动法律、法规有关工资支付方面的规定，不利于工资基本职能的实现，是完全错误的。因此，劳动争议仲裁委员会应当裁定支持章某的仲裁请求。

【法条指引】

中华人民共和国劳动法

第五十条 工资应当以货币形式按月支付给劳动者本人。不得克扣或者无故拖欠劳动者的工资。

中华人民共和国劳动合同法

第三十条 用人单位应当按照劳动合同约定和国家规定，向劳动者及时足额支付劳动报酬。

用人单位拖欠或者未足额支付劳动报酬的，劳动者可以依法向当地人民法院申请支付令，人民法院应当依法发出支付令。

▶ 6. 违反最低工资规定应承担什么责任？

【宣讲要点】

在劳动者提供正常劳动的情况下，用人单位支付给劳动者的工资低于最低工资标准的，由社会保险行政部门责令其限期补发所欠劳动者工资，并可责令其按所欠工资的 1 至 5 倍支付劳动者赔偿金。

【典型案例】

周某是某县农民，2001 年 12 月经人介绍，进城到某个体饭店当服务员。饭店老板梁某是利用自家的临街房子开的饭店，经营大众化的家常菜。梁某按每月 150 元标准支付给周某工资，并将擅自占有的附近一栋楼的地下室入口通道给周某居住，并告诉周某："房钱不跟你要了，工资也不涨了，就 150 元。"周某不明真相就同意了。2002 年 2 月，街道组织居民委员会进行清查，发现周某住在地下室通道处，便告诉她此处不能住，让她马上带东西走。周某只好带上东西到梁某的饭店。梁某仍欺骗周某，让她到同乡那里去住几天，过些天就没事了。在与同乡居住期间，周某同乡得知她一个月的工钱才150元，并且住处又不是梁某的，于是与周某找到梁某，要求增加工资，梁某不同意。周某的同乡告诉她，当地的法定最低工资是每月210元，梁某不给，我们可以告他。周某遂向当地劳动争议仲裁委员会提出申请，请求责令梁某按法定最低工资标准支付其工资报酬及赔偿金。

仲裁委员会受理此案后，查明周某所述属实。根据劳动法和某市最低工资规定作出裁决：梁某补足周某不足法定工资标准部分，3个月共计180元；梁某按支付所欠最低工资部分的50%向周某支付赔偿金计90元。

【专家评析】

本案中，梁某支付给周某的月工资为150元，虽然梁某提供住宿，以房钱来折抵工资，但事实上梁某并没有提供合法的住宿条件，因此周某的月工资只能以150元为准。这远远低于当地的最低工资标准。梁某的行为违反了法律、法规的规定。因此，周某不仅有权要求补足不足部分，还有权要求梁某支付赔偿金。劳动争议仲裁委员会的裁决依法维护了周某的利益，是正确的。

【法条指引】

最低工资规定

第十一条　用人单位应在最低工资标准发布后10日内将该标准向本单位全体劳动者公示。

第十二条　在劳动者提供正常劳动的情况下，用人单位应支付给劳动者的工资在剔除下列各项以后，不得低于当地最低工资标准：

（一）延长工作时间工资；

（二）中班、夜班、高温、低温、井下、有毒有害等特殊工作环境、条件下的津贴；

（三）法律、法规和国家规定的劳动者福利待遇等。

实行计件工资或提成工资等工资形式的用人单位，在科学合理的劳动定额基础上，其支付劳动者的工资不得低于相应的最低工资标准。

劳动者由于本人原因造成在法定工作时间内或依法签订的劳动合同约定的工作时间内未提供正常劳动的，不适用于本条规定。

第十三条 用人单位违反本规定第十一条规定的，由社会保险行政部门责令其限期改正；违反本规定第十二条规定的，由社会保险行政部门责令其限期补发所欠劳动者工资，并可责令其按所欠工资的1至5倍支付劳动者赔偿金。

▶ 7. 实行日薪制是否也可休带薪年假?

【宣讲要点】

带薪年假制度，是指劳动者每年享有一次连续的带工资的休息时间。其法定条件是连续工作一年以上的劳动者。只要劳动者连续工作时间在一年以上，就有资格享受带薪年假，不论用人单位实行何种工资制度，即都应当给予劳动者享有带薪休假的权利。

【典型案例】

农民工辛某与某县丝绸厂签订劳动合同时，厂方告诉他：“我们实行的是日薪制，干一天活，给一天钱，一天工作8小时，30元钱，不工作就没工资。”辛某同意了，和丝绸厂签订了劳动合同。两年后的一天，辛某忽然接到老家发来的电报，说是母亲病危，让他速归。辛某心急如焚，向厂里请休年假。厂里表示，实行的是日薪制，不用请假，但给他开了一张8天的休假条。辛某回家后，母亲已经转危为安，8天后，辛某又回到厂里上班。辛某在当月月底领工资时，发现自己的钱比平时少了许多。他去问厂领导，厂领导解释说：“上个月你8天没来工作，少的是这8天的薪水。”辛某不明白：“我休的是年休假，也有休假条，怎么能扣工资呢?”厂领导说：“劳动合同上规定，工作一天，给一天钱，这8天你没有工作，当然没钱了。”双方无法达成一致。

【专家评析】

本案中，丝绸厂误解了日薪制与月薪制的区别，又用这种误解误导职工，从而使工厂获利。劳动法规定：国家实行带薪年休假制度。劳动者连续工作一年以上的，享受带薪年休假。所谓带薪年休假，是指劳动者每年享有一次连续的带工资的休息时间。其法定条件是连续工作一年以上的劳动者。只要劳动者连续工作时间在一年以上，就有资格享受带薪年休假，不论用人单位实行何种工资制度，即不管是月薪制、日薪制，也不论是计时工资还是计件工资，都应当给予劳动者带薪年休假的权利。丝绸厂与辛某签订的劳动合同中约定实行日薪制，这与劳动者享受带薪年休假并不矛盾。除年休假外，在元旦、春节、劳动节、国庆节及其他法定节日，劳动者不工作也应支付工资。

【法条指引】

中华人民共和国劳动法

第四十五条 国家实行带薪年休假制度。

劳动者连续工作一年以上的，享受带薪年休假。具体办法由国务院规定。

▶ 8. 雇主与他人发生纠纷，能否停发农民工工资?

【宣讲要点】

用人单位不得无故拖欠劳动者工资。除法律规定的例外情况，任何单位均有义务及时支付农民工的劳动报酬，以保证农民工及家属正常生活的需要。构成无故拖欠农民工工资的条件是：（1）用人单位不按时支付农民工报酬，即用人单位超过法律规定或当事人约定的时间未向农民工支付应得的工资等劳动报酬；（2）无正当理由，也就是说，用人单位未在规定或约定的时间支付劳动报酬，如果有正当理由，则不属于侵害劳动报酬权的行为。

【典型案例】

白某、柴某等30多人都是外地农民工。2002年5月，他们在私营企业主洪某的砖厂从事烧砖生产。双方口头约定，按计件工资支付工钱。2002年5月11日，白某等正式开始生产，在生产过程中，雇主洪某及其家人经常虐待这30多名外地农民工，每天的工作时间有时超过15小时。2002年10月，洪某因故与他人发生经济纠纷，砖厂内许多生产工具被别人抬走冲抵洪某所欠债务，砖厂被迫停工。从5月到10月期间，砖厂共生产400多万块砖坯、320万块成品砖，洪某共欠白某等人工资3万余元。白某等人看到继续工作无望，砖厂无法恢复生产，便多次找洪某要求结算工资。洪某以砖厂停工是他人造成，自己没有责任为由，迟迟拖欠白某等人工资不发。1个月后，白某等30余名外地农民工向当地劳动争议仲裁委员会提起申请仲裁，要求洪某补发所欠3万余元的工资。

【专家评析】

本案中，私营企业主洪某在生产过程中虐待农民工的行为，是严重违反劳动法的，严重侵犯了农民工的劳动权益。劳动者付出了劳动，依国家的法律有权获得劳动报酬，而及时足额地支付给劳动者劳动报酬是用人单位应当履行的法律义务。30多名外地农民工工作了5个多月，付出了大量的劳动，依照当初双方的约定，洪某理应支付他们的工资。至于洪某所提他人将生产工具抬走造成停工，洪某不负责任是不成立的。砖厂停工并非是由农民工引起的，洪某不得以和他人发生经济纠纷导致工厂停工为由拖欠农民工工资。因此，白某等人可向当地劳动争议仲裁委员会申请仲裁。如对仲裁裁决不服，他们可以自收到仲裁裁决书之日起向人民法院起诉。

【法条指引】

中华人民共和国劳动法

第五十条 工资应当以货币形式按月支付给劳动者本人。不得克扣或者无故拖欠劳动者的工资。

第九十一条 用人单位有下列侵害劳动者合法权益情形之一的，由劳动行政部门责令支付劳动者的工资报酬、经济补偿，并可以责令支付赔偿金：

（一）克扣或者无故拖欠劳动者工资的；

（二）拒不支付劳动者延长工作时间工资报酬的；

（三）低于当地最低工资标准支付劳动者工资的；

（四）解除劳动合同后，未依照本法规定给予劳动者经济补偿的。

▶ 9. 账户冻结能否成为拖欠工资的理由？

【宣讲要点】

用人单位克扣或拖欠劳动者工资的，责令其支付工资并可责令其支付赔偿金。无故拖欠工资，是指用人单位无正当理由超过规定支付工资的时间而未能支付劳动者工资。以下两种情形不构成克扣或拖欠劳动者工资：(1) 用人单位遇到非人力所能抗拒的自然灾害、战争等原因无法按时支付工资；(2) 用人单位因生产经营困难、资金周转受到影响，在征得本单位工会同意后，可暂时延期支付劳动者工资。

【典型案例】

又到了发工资的日子，在某合资企业打工的50多名农民工却没有领到工资，企业负责人表示合资方的外方公司出事了，企业的账户被冻结了，暂时无法发工资，并保证半个月后一定发工资。20天后，农民工们只领到了一部分工资，到了第二个月的发薪日，负责人又解释了一番，工资还是没发。又过几天，大家又是只领到很少一部分钱。领不到足额工资的员工们认为企业随意拖欠工资是对劳动者权益的侵害，他们要求企业补发工资，并要求经济补偿。企业表示，公司账户被冻结，确实有困难，并保证一旦解冻就发工资。农民工们向当地劳动争议仲裁委员会申请仲裁，要求企业补发拖欠工资并支付经济补偿金。

【专家评析】

账户被冻结不能成为拖欠工资的理由。劳动法和《工资支付暂行规定》都明确规定，用人单位克扣或拖欠劳动者工资的，责令其支付工资并可责令其支付赔偿金。无故拖欠工资，是指用人单位无正当理由超过规定支付工资的时间而未能支付劳动者工资。但不包括以下两种情形：(1) 用人单位遇到非人力所能抗拒的自然灾害、战争等原因无法按时支付工资；(2) 用人单位因生产经营困难、资金周转受到影响，在征得本单位工会同意后，可暂时延期支付劳动者工资。本案中，农民工所在企业由于合资方的问题被冻结了银行账户，并非是企业主观上故意拖欠职工工资，而是有正当的客观理由。在账户被冻结的情况下，企业同意尽快想办法补发所拖欠的工资，说明该企业对职工是负责的。职工也应当对公司的困难予以理解。就拖欠工资的经济赔偿金问题，农民工一方要求支付赔偿金的理由不充足，仲裁委员会对赔偿金的要求不予支持。

【法条指引】

中华人民共和国劳动合同法

第八十五条 用人单位有下列情形之一的，由劳动行政部门责令限期支付劳动报酬、加班费或者经济补偿；劳动报酬低于当地最低工资标准的，应当支付其差额部分；逾期不支付的，责令用人单位按应付金额百分之五十以上百分之一百以下的标准向劳动者加付赔偿金：

（一）未按照劳动合同的约定或者国家规定及时足额支付劳动者劳动报酬的；

（二）低于当地最低工资标准支付劳动者工资的；

（三）安排加班不支付加班费的；

（四）解除或者终止劳动合同，未依照本法规定向劳动者支付经济补偿的。

▶ 10. 不具备法人资格的联营组织终止后，拖欠的职工工资及奖金由谁支付？

【宣讲要点】

劳动者享有平等就业和选择职业的权利、取得劳动报酬的权利、休息休假的权利、获得劳动安全卫生保护的权利、接受职业技能培训的权利、享受社会保险和福利的权利、提请劳动争议处理的权利以及法律规定的其他劳动权利。不具备法人资格的联营组织终止后，在联营范围以内对外拖欠的职工工资及奖金，由联合体组织承担连带责任。

【典型案例】

1998 年 10 月，甲公司与乙公司签订了工程承包项目合作合同。在合同中双方约定：以甲公司的名义投标和承包某工程项目，双方共同投资、共同经营、共负盈亏、共担风险；成立项目经理部（不具备法人资格）；项目经理部代表甲、乙两公司对外履行合同，对内组织经营管理；职工工资由项目经理部确定和支付。1999 年 5 月，项目经理部聘用了孔某等数十名农民工担任该项目的施工人员。双方签订了劳动合同，约定由项目经理部支付工人的工资和奖金。2002 年 8 月，该工程项目结束后，甲公司与乙公司就所欠工人的工资和工程奖金的问题达成协议：工资及工程奖金由两公司按照项目部出具的工资及奖金欠条予以支付。此后，项目经理部负责人为孔某等人出具的欠条上署名的工资及奖金的支付主体为乙公司；支付期限为 2002 年 10 月。2002 年 11 月，孔某等人因向甲、乙两公司多次催要工资及工程奖金未果，遂向当地劳动争议仲裁委员会申请仲裁，要求甲、乙两公司按照劳动合同的约定和双方事后达成的工资、奖金支付协议，支付拖欠的工资和工程奖金。

【专家评析】

从甲、乙公司签订的工程承包项目合同的约定可以看出，甲、乙两公司之间的合作关系具有以下法律特征：(1) 双方成立了不具备法人资格的联合体组织；(2) 双方共同出资的财产的所有权并未转移，只是由双方共同占有和使用；(3) 联合体不能独立地对外承担民事责任，在合作范围内对外产生的债务，除用双方的共同出资清偿外，还要以双方各自经营管理的财产承担连带清偿责任。根据民法通则的规定和合作合同的约定，甲、乙两公司之间的法律关系的性质属于合伙型联营关系。在联营范围以内对外所发生的债务，由甲、乙两公司承担连带责任。孔某等人与甲、乙两公司合作成立的项目经理部签订了劳动合同并按照合同规定履行了劳动义务，就有取得劳动报酬的权利。由于该项目经理部按照合作合同的规定，代表甲、乙两公司对外履行合同，孔某等人的被拖欠的工资和工程奖金属于联营体在合作范围以内对外所负的债务。甲、乙两公司应当按照劳动法的规定和劳动合同的约定，共同承担支付工资和奖金的义务。

孔某等人与项目经理部签订的劳动合同约定：由项目经理部支付职工工资和奖金。工程项目结束后，甲、乙两公司达成工资支付协议：工资及工程奖金由两公司按照项目部出具的工资及奖金欠条予以支付。该协议不能够变更劳动合同。因为孔某等人是向联营项目提供的劳务，并与联合体签订了劳动合同，甲、乙两公司依法应当承担支付孔某等人的工资和奖金的义务。劳动合同是劳动者与用人单位之间确立劳动关系、明确双方权利和义务的协议，变更劳动合同必须由劳动者与用人单位平等协商。甲、乙两公司在没有劳动者参与的情况下，就工资支付问题达成的协议，变更原劳动合同确立的工资支付方式，是没有法律效力的。

【法条指引】

中华人民共和国劳动法

第三条第一款　劳动者享有平等就业和选择职业的权利、取得劳动报酬的权利、休息休假的权利、获得劳动安全卫生保护的权利、接受职业技能培训的权利、享受社会保险和福利的权利、提请劳动争议处理的权利以及法律规定的其他劳动权利。

中华人民共和国劳动合同法

第二十九条　用人单位与劳动者应当按照劳动合同的约定，全面履行各自的义务。

第三十条第一款　用人单位应当按照劳动合同约定和国家规定，向劳动者及时足额支付劳动报酬。

▶ 11. 给企业造成损失可否从工资里扣除赔偿金？

【宣讲要点】

因为劳动者本人原因给用人单位造成经济损失的，用人单位可以按照劳动合同的约定要求其赔偿损失。经济损失的赔偿，可以从劳动者的工资中扣除。

【典型案例】

苏某是农村户口，高中毕业后到县城的木材厂找了一份库房的工作。干了两个月后，厂领导发现苏某爱抽烟，这对他所从事的工作非常危险。为此厂领导多次找他谈话，要他一定注意，千万不要在工作岗位吸烟。苏某觉得自己虽然爱抽烟，但并未因此引起过任何事故，厂领导杞人忧天，对厂领导的话不以为然。几个月后的一天，苏某因吸烟引发了一场火灾，尽管得到了及时的补救，但还是给厂里造成了3000多元的损失。苏某保证再也不犯，厂方经研究决定苏某对火灾负全部责任，应赔偿损失，赔偿金就从他的工资里扣。苏某听人说，厂里这种扣工资的行为是违反劳动法的，于是他向当地劳动争议仲裁委员会申请仲裁，要求工厂停止克扣工资并给予赔偿。同时，苏某还表示，火灾给厂里造成的损失，他愿意赔，但赔偿金不能从工资里扣。

【专家评析】

本案中，工厂的做法是符合法律规定的。根据《工资支付暂行规定》中的规定，因劳动者本人原因给用人单位造成经济损失的，用人单位可按照劳动合同的约定要求赔偿经济损失。经济损失的赔偿，可以从劳动者的工资中扣除。但每月扣除的部分不得超过劳动者当月工资的20%。若扣除后的工资部分低于当地最低工资标准，则按最低标准工资支付。本案中，该厂既可以要求苏某对违反制度造成的经济损失承担赔偿责任，又可以从其工资中扣除赔偿金。从其工资中扣除赔偿金不属于克扣工资的行为。劳动争议仲裁委员会应当驳回苏某的请求。

【法条指引】

工资支付暂行规定

第十六条 因劳动者本人原因给用人单位造成经济损失的，用人单位可按照劳动合同的约定要求其赔偿经济损失。经济损失的赔偿，可从劳动者本人的工资中扣除。但每月扣除的部分不得超过劳动者当月工资的20%。若扣除后的剩余工资部分低于当地月最低工资标准，则按最低工资标准支付。

▶ 12. 劳动报酬所附条件是否有效?

【宣讲要点】

民事法律行为可以附条件，附条件的民事行为在所附条件成就时生效。同时民事活动应当遵循自愿、公平、等价有偿、诚实信用的原则。在用人单位与劳动者签订的劳动合同中应约定劳动报酬，劳动报酬所附条件不能违反自愿、公平、等价有偿、诚实信用的原则，否则劳动者可以申请变更或撤销。

【典型案例】

2001年9月，姜某以某建筑安装工程公司名义承接了一个工程项目，雇用农民工谢某等人去该工程项目做工。2003年1月，谢某离开工地回原籍。此后，谢某多次向姜某追要劳动报酬。2003年8月，姜某向谢某出具欠条一份，欠条载明："今欠谢某工资3000元，工程款付后全部结清。"谢某为了得到欠条凭证，对所附条件未提出异议。后姜某在承建这一工程项目过程中，因撤退部分施工人员，致使工程延期交付，发包单位一直未支付工程款。2004年3月，谢某向人民法院起诉，要求撤销与姜某就支付劳动报酬所附的条件，依法判决给付拖欠的劳动报酬3000元。姜某辩称，欠款属实，双方所附条件合法有效，因发包单位至今未能结算工程款，双方所附的条件尚未成就，故暂时不能支付谢某的劳动报酬。

【专家评析】

本案中，姜某与谢某的约定所附条件违背了民法的公平原则。民事法律行为可以附条件，姜某亦未强迫谢某接受所附条件，且所附的条件也未违反法律强制规定，但民事行为不能违背公平原则。民法通则第4条规定："民事活动应当遵循自愿、公平、等价有偿、诚实信用的原则。"本案中姜某承包工程，雇用谢某为其施工，双方之间形成了雇佣关系，姜某就应当按照双方原先的约定支付谢某的劳动报酬。

姜某与建设发包单位的关系，是建设工程合同关系，属另一法律关系。姜某因工程延期交付，发包单位为此而未能与姜某结算，姜某明知发包单位的工程款难以给付，不积极通过诉讼等方式解决，却将与第三者之间的风险责任转嫁于谢某。换言之，如果姜某不能从发包单位结算到工程款，姜某就可不必再向谢某支付劳动报酬，那么姜某的经济损失就会得以减轻，因为其一部分损失已被转嫁于谢某等具体劳动者身上。由此可见双方的利益明显不均衡、不对等，谢某的利益取决于姜某，姜某具有明显优势，显然有失公平。人民法院在处理这一民事纠纷时，应根据公平原则，使案件的处理既符合法律，又公平合理。姜某与谢某之间约定所附的条件属可撤销的民事法律行为。民法通则规定：显失公平的民事行为，一方当事人有权请求人民法院或者仲裁机构予以变更或者撤销。本案谢某向法院申请撤销所附的条件，法院应依照该项法律规定予以撤销。被撤销的民事行为从行为开始起无效。民事行为部分无效，不影响其他部分的效力的，其他部分仍然有效。对被告拖欠原告劳动报酬，不因该所附条件的无效而无效，因此，人民法院应判决被告给付原告3000元的劳动报酬。

【法条指引】

中华人民共和国民法通则

第五十九条 下列民事行为，一方有权请求人民法院或者仲裁机关予以变更或者撤销：

（一）行为人对行为内容有重大误解的；

（二）显失公平的。

被撤销的民事行为从行为开始起无效。

第六十条 民事行为部分无效，不影响其他部分的效力的，其他部分仍然有效。

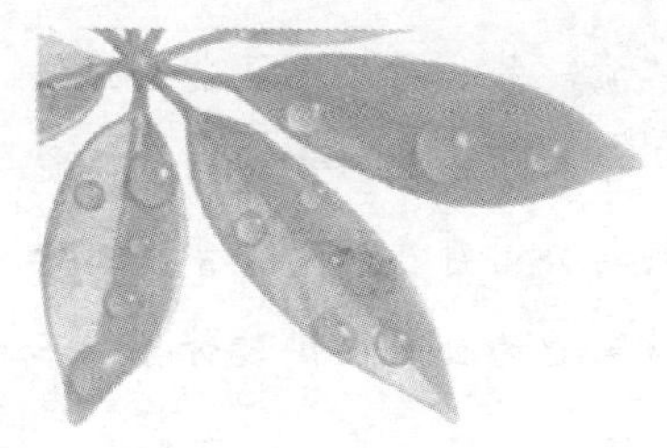

第四章
农民工的劳动保护与福利

▶ 1. 固定期限劳动合同终止后，农民工能否要求用人单位继续支付保险金？

【宣讲要点】

用人单位应当在解除或者终止劳动合同时出具解除或者终止劳动合同的证明，并在15日内为劳动者办理档案和社会保险关系转移手续。劳动者应当按照双方约定，办理工作交接。用人单位依照本法有关规定应当向劳动者支付经济补偿的，在办结工作交接时支付。

【典型案例】

农民工贾某于1991年9月到某公司任出纳员。1996年1月1日，贾某与公司签订了3年期劳动合同，双方约定合同期满后每年续订一次至2001年12月31日。2001年11月1日，某公司在劳动合同到期前向贾某发出了终止劳动合同通知书，通知贾某在合同期满后将与其终止劳动合同。2002年1月，某公司已将贾某档案转至其户口所在地的有关部门。贾某已在街道办理了领取失业救济金的相关手续。贾某认为合同虽然已到期，但自己仍然继续在公司留用工作至2004年2月18日，贾某提供了2001年9月工资结算表一份和公司的劳资证明，证明自己与某公司的劳动关系在续延，要求某公司重新签订劳动合同和支付未付的工资。某公司不承认贾某提供的证明，认为贾某提供的2001年10月、2002年1月至2004年2月的工资表没有经理签字，而且工资表亦不能认定贾某与公司存在劳动关系及工资数额；某公司认为贾某提供的证据只能证明贾某曾为公司提供过劳务，不能证明与某公司的劳动关系在续延。

贾某因此申请劳动仲裁。①

【专家评析】

本案中，贾某于1991年9月到某公司任出纳员，1996年1月1日与某公司签订了3年期劳动合同，双方约定合同期满后每年续订一次至2001年12月31日。2001年11月1日，在劳动合同到期前，某公司向贾某发出了终止劳动合同通知书，通知贾某在合同期满后将与其终止劳动合同。2002年1月某公司已将贾某档案转至其户口所在地的有关部门。贾某已在街道办理了领取失业救济金的相关手续。这些事实，足以证明劳动合同到期后，双方已经终止了已有的劳动合同。

《北京市劳动合同规定》第45条规定，“劳动合同期限届满，因用人单位的原因未办理终止劳动合同手续，劳动者与用人单位仍存在劳动关系的，视为续延劳动合同，用人单位应当与劳动者续订劳动合同……”然而本案中，贾某虽声称在终止了劳动合同后，其仍继续留在某公司工作至2004年2月18日，并提供了某公司工资结算表一份，以证明自己是公司的工作人员，事实劳动关系存在，要求与某公司订立无固定期限劳动合同。但是贾某缺乏证明劳动关系的决定性要件即有效的劳动合同，其所提供的证明不足以证明贾某与某公司劳动关系存续，因此不符合《北京市劳动合同规定》第45条规定，不能视为对劳动合同的续订。

由于双方订立的劳动合同期满，并已办理了劳动合同终止手续，且某公司在与贾某劳动合同终止后已将其档案转至其户口所在地，亦在街道办

① 本案摘自北京市第一中级人民法院民一庭编著：《劳动法审判实务与典型案例评析》，中国检察出版社2005年版，本书在使用时加以整理。

理了领取失业救济金的相关手续，双方已不存在劳动关系。所以，贾某与某公司签订的固定期限劳动合同已经到期，贾某要求与某公司订立无固定期限劳动合同、支付其2001年10月至2004年6月份工资及补缴2002年1月至2004年6月间养老、医疗、失业三项社会保险金及仲裁费的请求，证据不充足。

据此，贾某提出的与某公司订立无固定期限劳动合同、支付其工资及补缴社会保险的诉讼请求无法可依，劳动争议仲裁委员会依法仲裁驳回其申诉请求。

【法条指引】

中华人民共和国劳动合同法

第三十六条　用人单位与劳动者协商一致，可以解除劳动合同。

第五十条　用人单位应当在解除或者终止劳动合同时出具解除或者终止劳动合同的证明，并在十五日内为劳动者办理档案和社会保险关系转移手续。

劳动者应当按照双方约定，办理工作交接。用人单位依照本法有关规定应当向劳动者支付经济补偿的，在办结工作交接时支付。

用人单位对已经解除或者终止的劳动合同的文本，至少保存二年备案。

▶ 2. 建筑公司不给农民工发放劳动保护用品合法吗？

【宣讲要点】

发放职工个人劳动防护用品是保护劳动者安全健康的一种预防性辅助措施，不是生活福利待遇。企业应当根据安全生产、防止职业性伤害的需要，按照不同工种、不同劳动条件，发给职工个人劳动防护用品。有关文件明确规定，应发放劳动防护服装的范围包括：井下作业；有强烈辐射、烧灼危险的作业；有刺割、绞碾危险或严重磨损而可能引起外伤的作业；

接触有毒、有放射性物质，对皮肤有感染的作业；接触有腐蚀物质的作业；在严寒地区冬季经常从事野外、露天作业而自备棉衣不能御寒的工种及经常从事低温作业的工种。

对于生产中必不可少的安全帽、安全带、绝缘护品、防毒面具、防尘口罩等职工个人特殊劳动防护用品，必须根据特定工种的要求配备齐全，并保证质量。对特殊防护用品应建立定期检验制度，不合格的、失效的一律不准使用。对于在易燃易爆、烧灼及有静电发生的场所作业的工人，禁止发放、使用化纤防护用品。

【典型案例】

田某被某建筑工程公司招用为合同制农民工，签了2年的劳动合同。田某到建筑队上班后，发现烧沥青的工作又累又热，同时他发现同组的其他几名工人都到队里领取了工作服和眼镜，穿戴着工服工作要比自己不穿工服舒服多了。田某感到奇怪，于是向队里提出给自己配备工作服和眼镜。队里主管劳动防护用品的人告诉他，他是农民工，按规定是不能发工作服和其他用品的，劳动合同里规定了“工作服由自己解决”。田某没有办法，月底第一次领了工资后，心疼地拿出一部分钱，买了工作服、防护眼镜、防护口罩和手套等劳动防护用品。

【专家评析】

对从事装卸、搬运、使用沥青及含有沥青制品工作的工人，应由其隶属的行政部门供给防护用品，包括：坚实的棉衣或麻布的工作服，其式样应适合于防止沥青粉尘的浸入；带有披肩的头盔（供装卸工人使用）；防护眼镜；帆布手套及帆布鞋盖（常穿草鞋的地区应加发布鞋）；防护口罩（沥青熬炒工人应有过滤式呼吸器）。而且规定工人在从事沥青工作时，应穿戴全副防护用品；对外露皮肤和脸部、颈部，应遍涂防护药膏；工作完毕，必须洗澡。

沥青中毒的事故曾经常发生，其中搬运事故中最为严重。这主要是由于当时沥青的包装不良、供工人使用的防护用品和卫生设备缺乏，搬运部门忽视对工人进行经常性的安全教育等原因所造成的。由于沥青的烟气与粉尘中含有各种有机挥发物，这些物品能刺激人体皮肤及呼吸器官，因而工人必须穿戴防护用品，以避免与身体直接接触。本案中，建筑队以田某是农民工为借口拒绝发放劳动防护用品，是对农民工合法权益的侵害，是极其错误的，田某可以向当地劳动行政部门举报。

【法条指引】

中华人民共和国劳动法

第五十四条　用人单位必须为劳动者提供符合国家规定的劳动安全卫生条件和必要的劳动防护用品，对从事有职业危害作业的劳动者应当定期进行健康检查。

中华人民共和国职业病防治法

第四条　劳动者依法享有职业卫生保护的权利。

用人单位应当为劳动者创造符合国家职业卫生标准和卫生要求的工作环境和条件，并采取措施保障劳动者获得职业卫生保护。

工会组织依法对职业病防治工作进行监督，维护劳动者的合法权益。用人单位制定或者修改有关职业病防治的规章制度，应当听取工会组织的意见。

▶ 3. 配发劳动防护用品可否以其他措施代替?

【宣讲要点】

劳动防护用品的单位应为劳动者免费提供符合国家规定的劳动防护用品，不得以货币或者其他物品替代应当配备的劳动防护用品。没有按规定为农民工提供符合国家规定的劳动防护用品的单位，要按照有关规定予以处罚。构成犯罪的，由司法部门依法追究有关人员的刑事责任。

【典型案例】

江某为某企业合同制农民工，2000 年 1 月，江某受企业指派，到某山区野外作业。由于天气寒冷，江某在作业过程中双手和面部被冻伤。江某提出发给劳动防护用品。但单位认为，在给予江某的野外作业补贴中已经包含了劳动防护用品的费用，江某应当自备劳动防护用品。江某感到企业的做法对职工而言是极不负责任的，侵犯了自己的合法权益，为此和单位领导发生了争执。单位领导扣发了江某1月份的工资。江某向当地劳动争议仲裁委员会提请仲裁，要求某企业按劳动法律、法规的规定为自己配发劳动防护用品，同时补发无故扣发的工资。

【专家评析】

用人单位必须为劳动者提供符合国家规定的劳动安全卫生条件和必要的劳动防护用品，对从事有职业危害作业的劳动者应当定期进行健康检查。江某受工厂指派，到某山区野外作业。时间处于冬季，天气寒冷，符合法律、法规规定的条件，某企业应当为江某提供必要的劳动防护用品。

本案中，争议的焦点在于配发劳动防护用品能否以其他措施代替。劳动防护用品分为安全帽类、呼吸护具、眼防护具、听力护具、防护鞋、防护手套、防护服、防坠落护具、护肤用品九类，根据安全生产、防止职业性伤害的需要，按照不同工种、不同劳动条件进行发放，属于劳动安全卫生工作的范畴。因此，不能将劳动防护用品等同于一般的职工福利来看待。职工福利作为提高职工生活质量的一项措施，除法律、法规规定的某些项目之外，大多数企业根据自己的经济效益和实际来决定，标准不统一，也无法律强制。而向职工发放个人劳动防护用品，是实施劳动保护、预防职业伤害的一项重要法律制度。由此可见，劳动防护用品是不能以职工福利或者工作补贴的方式来代替的。某企业认为自己已经向江某发放了野外作业补贴，就可以免除为江某配发劳动防护用品的观点是错误的，应当予以纠正。同时，某企业领导因为职工与自己发生争吵，便无故扣发职工工资的做法也是毫无道理的，应当给予行政处罚。

【法条指引】

中华人民共和国劳动法

第五十四条　用人单位必须为劳动者提供符合国家规定的劳动安全卫生条件和必要的劳动防护用品，对从事有职业危害作业的劳动者应当定期进行健康检查。

▶ 4. 用人单位未提供安全生产条件，农民工能否单方解除劳动合同？

【宣讲要点】

劳动者拒绝用人单位管理人员违章指挥、强令冒险作业的，不视为违反劳动合同。根据我国法律规定，劳动者在试用期内的；用人单位以暴力、威胁或者非法限制人身自由的手段强迫劳动的；用人单位未按照劳动合同约定支付劳动报酬或者提供劳动条件的，劳动者可以随时通知用人单位解除劳动合同。

【典型案例】

2006 年，某建筑材料公司雇用了包括范某在内的 40 名农民工生产水泥。该公司生产车间只有一个大的房间，40 个人、10 台设备都在其中，十分拥挤。且该厂房通风设备不好，空气污浊，电线密布，未设有任何消防设备。2005 年 10 月，消防局曾责令建筑材料公司限期整改，但建筑材料公司因经济问题一直拖着不予办理。为获取最大利润，建筑材料公司强令工人每天工作 10 小时并拒付任何加班工资。2007 年 5 月 13 日，天气炎热，在连续工作 10 小时后建筑材料公司仍令范某等超时工作，并威胁工人若不坚持将扣减他们一个月的工资，范某弃岗回家。7 月 20 日，建筑材料公司厂房内不慎起火，因及时扑灭未酿成火灾，但其仍对工人提出增设消防设备的建议置之不理。范某在安全得不到保障的情况下，向建筑材料公司提出解除劳动合同的要求。建筑材料公司擅自扣下1200元作为解除合同的违约金。范某不服向当地劳动争议仲裁委员会申请仲裁。

【专家评析】

分析本案应从以下两个方面入手：

第一，范某等对建筑材料公司的违章、强令冒险作业有权拒绝。劳动法第36条规定："国家实行劳动者每日工作时间不超过八小时、平均每周工作时间不超过四十四小时的工时制度。"建筑材料公司强令工人每天工作10小时的行为是对该条规定的违反，而且用人单位安排加班的，应当按照国家有关规定向劳动者支付加班费。劳动合同法第32条第1款规定："劳动者拒绝用人单位管理人员违章指挥、强令冒险作业的，不视为违反劳动合同。"建筑材料公司生产车间只有一个房间，40个人、10台设备都在其中，且厂房通风设备不好，空气污浊，电线密布，未设有任何消防设备。在已经起火险些发生火灾、消防局责令限期整改的情况下，公司仍对工人提出增设消防设备的建议置之不理。劳动者在安全得不到保障的情况下，有权拒绝劳动，不应被视为违反劳动合同。

第二，范某等有权解除合同而不支付违约金。根据我国劳动法第32条规定，范某等有权随时通知用人单位解除劳动合同。第32条规定了劳动者可以随时通知用人单位解除劳动合同的三种情况，分别为：在试用期内的；用人单位以暴力、威胁或者非法限制人身自由的手段强迫劳动的；用人单位未按照劳动合同约定支付劳动报酬或者提供劳动条件的。本案中，建筑材料公司以威胁扣工资强令工人加班的做法属于第二种情况，范某等有权解除劳动合同。而根据劳动合同法第22条、第23条、第25条的规定，我国只允许约定两种违约金，即违反服务期条款的违约金和违反保守商业秘密条款的违约金。而建筑材料公司擅自扣减违约金的做法显然违反了劳动法的规定。因此，建筑材料公司应向范某等补发扣减的工资。

综上，劳动争议仲裁委员会应当依法裁决申诉人有权单方解除合同，并裁决被申诉人补发被扣工资及赔偿申诉人的损失，同时建议劳动行政部门对被申诉人的违法行为进行处理。

【法条指引】

中华人民共和国劳动法

第三十二条　有下列情形之一的，劳动者可以随时通知用人单位解除劳动合同：

（一）在试用期内的；

（二）用人单位以暴力、威胁或者非法限制人身自由的手段强迫劳动的；

（三）用人单位未按照劳动合同约定支付劳动报酬或者提供劳动条件的。

中华人民共和国劳动合同法

第三十二条　劳动者拒绝用人单位管理人员违章指挥、强令冒险作业的，不视为违反劳动合同。

劳动者对危害生命安全和身体健康的劳动条件，有权对用人单位提出批评、检举和控告。

▶ 5. 住院期间劳动合同到期，用人单位能否解除劳动关系？

【宣讲要点】

从事接触职业病危害作业的劳动者未进行离岗前职业健康检查，或者疑似职业病病人在诊断或者医学观察期间的，患病或者非因工负伤，在规定的医疗期内的，用人单位不得与其解除劳动合同。所谓“医疗期”，是指企业职工因患病或非因工负伤停止工作治病休息不得解除劳动合同的时限。

【典型案例】

农民工张某于2004年6月受聘于某公司，双方签订了为期3年的劳动合同。2007年5月中旬，张某生病住院，据主治大夫介绍，张某要住院治疗2个月。2007年6月，某公司以劳动合同到期，与张某的劳动关系已不存在为由拒绝继续承担张某住院的医疗费用。张某向当地劳动争议仲裁委员会申请仲裁，请求依法维护其合法权益，要求某公司继续承担其住院治疗的医药费用，并发给住院期间的病假工资。

【专家评析】

我国劳动合同法对劳动合同的解除，特别是用人单位解除劳动合同作了较为详尽而全面的规定，因为在劳动关系中，用人单位是处于强势地位，具有人力和财力优势的一方，因此法律对其解除劳动法律关系的行为规定了应当具备的条件和严格的限制，避免用人单位凭借自己的优势侵犯劳动者的合法权益。其中，在第42条对用人单位解除劳动合同作了一系列的限制。该条规定："劳动者有下列情形之一的，用人单位不得依照本法第四十条、第四十一条的规定解除劳动合同：（一）从事接触职业病危害作业的劳动者未进行离岗前职业健康检查，或者疑似职业病病人在诊断或者医学观察期间的；（二）在本单位患职业病或者因工负伤并被确认丧失或者部分丧失劳动能力的；（三）患病或者非因工负伤，在规定的医疗期内的；（四）女职工在孕期、产期、哺乳期的；（五）在本单位连续工作满十五年，且距法定退休年龄不足五年的；（六）法律、行政法规规定的其他情形。"所谓"医疗期"，按照原劳动部《企业职工患病或非因工负伤医疗期规定》第2条的解释："医疗期是指企业职工因患病或非因工负伤停止工作治病休息不得解除劳动合同的时限。"劳动法律、法规之所以对医疗期作出规定，究其原因，主要是为劳动者在患病时期提供物质保障，解决劳动者的后顾之忧，消除社会不安定因素。原劳动部《企业职工患病或非因工负伤医疗期规定》第3条规定："企业职工因患病或非因工负伤，需要停止工作医疗时，根据本人实际参加工作年限和在本单位工作年限，给予三个月到二十四个月的医疗期……"并对不同情况下的医疗期作出了具体规定。

在本案中，张某属于在劳动合同有效期间患病，按照劳动合同法和有关规定，应当享受医疗期待遇，由某公司发给病假期工资、疾病救济费并报销医疗费。本案不属于劳动合同期限届满，按照合同约定解除劳动关系的情况，因为张某在原劳动合同到期前生病住院，按照劳动合同法第45条“劳动合同期满，有本法第四十二条规定情形之一的，劳动合同应当续延至相应的情形消失时终止”的规定，劳动者如果在合同履行期间患病，合同到期时仍在医疗期内，用人单位不得终止劳动合同，劳动合同的期限应自动延续至医疗期满。所以某公司不得以劳动合同到期、劳动关系不存在为由拒绝承担张某的医疗费用。因此，对张某的仲裁请求，劳动争议仲裁委员会应当支持。

【法条指引】

中华人民共和国劳动合同法

第四十二条　劳动者有下列情形之一的，用人单位不得依照本法第四十条、第四十一条的规定解除劳动合同：

（一）从事接触职业病危害作业的劳动者未进行离岗前职业健康检查，或者疑似职业病病人在诊断或者医学观察期间的；

（二）在本单位患职业病或者因工负伤并被确认丧失或者部分丧失劳动能力的；

（三）患病或者非因工负伤，在规定的医疗期内的；

（四）女职工在孕期、产期、哺乳期的；

（五）在本单位连续工作满十五年，且距法定退休年龄不足五年的；

（六）法律、行政法规规定的其他情形。

第四十四条　有下列情形之一的，劳动合同终止：

（一）劳动合同期满的；

（二）劳动者开始依法享受基本养老保险待遇的；

（三）劳动者死亡，或者被人民法院宣告死亡或者宣告失踪的；

（四）用人单位被依法宣告破产的；

（五）用人单位被吊销营业执照、责令关闭、撤销或者用人单位决定提前解散的；

（六）法律、行政法规规定的其他情形。

第四十五条 劳动合同期满，有本法第四十二条规定情形之一的，劳动合同应当续延至相应的情形消失时终止。但是，本法第四十二条第二项规定丧失或者部分丧失劳动能力劳动者的劳动合同的终止，按照国家有关工伤保险的规定执行。

▶ 6. 农民工因工负伤在合同期满时尚未治愈，用人单位能否终止劳动关系？

【宣讲要点】

根据我国法律规定，工伤的认定要符合下列情形之一：在工作时间和工作场所内，因工作原因受到事故伤害的；工作时间前后在工作场所内，从事与工作有关的预备性或者收尾性工作受到事故伤害的；在工作时间和工作场所内，因履行工作职责受到暴力等意外伤害的；患职业病的；因工外出期间，由于工作原因受到伤害或者发生事故下落不明的；在上下班途中，受到非本人主要责任的交通事故或者城市轨道交通、客运轮渡、火车事故伤害的；法律、行政法规规定应当认定为工伤的其他情形。工伤保险制度不健全的用人单位对因工部分丧失劳动能力的职工，劳动合同期满也不能终止劳动合同，仍由原用人单位按照国家有关规定提供医疗。

【典型案例】

农民工陈某是某邮运局的合同制司机，合同期限从 2001 年 6 月 6 日起至 2007 年 6 月 6 日止。2005 年 11 月 25 日，陈某驾驶邮车运送邮件行经某路段时，被违章行驶的另一货车撞伤致左膝骨折。经交警部门主持，陈某与肇事责任人于 2006 年 4 月 19 日达成协议，签订了道路交通事故损害赔偿调解书，明确由肇事者承担陈某在住院期间的治疗费、误工费等费用，并一次性补助后续医疗费、交通费合计1000元。之后，陈某继续治疗膝伤。2006年5月，邮运局因陈某伤后未上班，终止了与陈某的劳动关系，停发工资、补贴等。同年12月6日，邮运局向陈某发出了书面通知，将其医疗终结时间确定为2006年11月23日。陈某以膝伤未愈需继续治疗为由，向当地劳动仲裁委员会申请仲裁。该委员会受理后委托当地鉴定委员会对陈某的医疗终结问题进行了鉴定，结论是“目前暂不适宜医疗终结”。

【专家评析】

正确处理本案的关键，在于对以下几个法律问题的确定：

（1）劳动者受伤的性质。根据我国劳动法以及相关法律、规章的规定，劳动者因工负伤和非因工负伤作为两种不同的情形区别对待的，两者产生的法律效果也是不同的。因此，在本案中，首先需要明确劳动者受伤是属于因工负伤还是非因工负伤。所谓因工负伤是指在因工伤亡事故中负伤，或者因属于劳动法规规定范围内的其他原因造成的负伤。根据我国《工伤保险条例》的规定，因工负伤包括以下情形：在工作时间和工作场所内，因工作原因受到事故伤害的；工作时间前后在工作场所内，从事与工作有关的预备性或者收尾性工作受到事故伤害的；在工作时间和工作场所内，因履行工作职责受到暴力等意外伤害的；患职业病的；因工外出期间，由于工作原因受到伤害或者发生事故下落不明的；在上下班途中，受到非本人主要责任的交通事故或者城市轨道交通、客运轮渡、火车事故伤害的；法律、行政法规规定应当认定为工伤的其他情形。另外，符合下列情形之一的也视同工伤：在工作时间和工作岗位，突发疾病死亡或者在48小时之内经抢救无效死亡的；在抢险救灾等维护国家利益、公共利益活动中受到伤害的；职工原在军队服役，因战、因公负伤致残，已取得革命伤残军人证，到用人单位后旧伤复发的。而所谓非因工负伤是指除了上述情形之外的负伤。在本案中，根据人民法院查明的事实，劳动者陈某是某邮运局的合同制司机，他在驾驶邮车运送邮件（属于其履行工作职责）过程中受伤。因此，根据上述法律规定，陈某的受伤属于因工负伤。

（2）劳动合同的续延问题。根据《工伤保险条例》的规定，用人单位应当依法参加工伤保险，为本单位全部职工或者雇工缴纳工伤保险费，而符合条件的劳动者可以依法享受工伤保险待遇。劳动合同法实施之后，根据其第45条的规定，劳动合同期满，劳动者患职业病或者因工负伤被确认丧失或者部分丧失劳动能力劳动者的劳动合同的终止，按照国家有关工伤保险的规定执行。根据原劳动部《关于贯彻执行〈中华人民共和国劳动法〉若干问题的意见》第50条规定："在目前工伤保险和残疾人康复就业制度尚未建立和完善的情况下，对因工部分丧失劳动能力的职工，劳动合同期满也不能终止劳动合同，仍由原单位按照国家有关规定提供医疗等待遇。"结合上述的规定可知，工伤保险制度不健全的用人单位对因工部分丧失劳动能力的职工，劳动合同期满也不能终止劳动合同，仍由原用人单位按照国家有关规定提供医疗。

综上所述，劳动仲裁委员会应依法裁决双方当事人续订劳动合同至陈某工伤医疗终结时止，并由邮运局发给陈某2006年5月至11月的工伤生活费和医疗费。

【法条指引】

工伤保险条例

第十四条 职工有下列情形之一的，应当认定为工伤：

（一）在工作时间和工作场所内，因工作原因受到事故伤害的；

（二）工作时间前后在工作场所内，从事与工作有关的预备性或者收尾性工作受到事故伤害的；

（三）在工作时间和工作场所内，因履行工作职责受到暴力等意外伤害的；

（四）患职业病的；

（五）因工外出期间，由于工作原因受到伤害或者发生事故下落不明的；

（六）在上下班途中，受到非本人主要责任的交通事故或者城市轨道交通、客运轮渡、火车事故伤害的；

（七）法律、行政法规规定应当认定为工伤的其他情形。

第十五条　职工有下列情形之一的，视同工伤：

（一）在工作时间和工作岗位，突发疾病死亡或者在48小时之内经抢救无效死亡的；

（二）在抢险救灾等维护国家利益、公共利益活动中受到伤害的；

（三）职工原在军队服役，因战、因公负伤致残，已取得革命伤残军人证，到用人单位后旧伤复发的。

职工有前款第（一）项、第（二）项情形的，按照本条例的有关规定享受工伤保险待遇；职工有前款第（三）项情形的，按照本条例的有关规定享受除一次性伤残补助金以外的工伤保险待遇。

▶ 7. 用人单位未依法为农民工缴纳工伤保险，发生工伤事故的，由谁支付工伤保险待遇？

【宣讲要点】

工伤是指劳动者在工作中所遇到的意外事故伤害和职业病伤害。为保障工伤职工的合法权益，我国建立工伤保险制度，社会保险法和《工伤保险条例》等立法，强制用人单位参加工伤保险，为劳动者缴纳工伤保险费，劳动者无须缴纳工伤保险费。发生工伤后，劳动者依法享有工伤保险待遇，部分工伤保险待遇由工伤保险基金支付，剩余部分工伤保险待遇则由用人单位支付。但如果用人单位未依法为劳动者缴纳工伤保险的，工伤保险待遇则应全部由用人单位支付。

【典型案例】

自2009年5月13日起周某在甲公司承包的工地工作，月工资3000元。甲公司未为周某缴纳工伤保险。2009年5月27日，周某在工作中受伤，受伤当日起至2009年6月29日期间周某住院治疗，出院后周某未再为甲公司提供劳动。2010年5月25日，周某向当地劳动争议仲裁委员会申请仲裁，要求确认其与甲公司存在劳动关系。仲裁委裁决驳回周某的申请请求。周某不服该裁决向人民法院提起诉讼，人民法院判决确认双方存在劳动关系。双方对该判决均未上诉，已生效。之后，周某向劳动保障部门申请认定工伤，2011 年 3 月 17 日，劳动保障部门认定 2009 年 5 月 27 日周某的受伤为工伤。甲公司不服该工伤认定结论，先后提起行政复议和一审、二审行政诉讼，终审判决维持该工伤认定结论。2011 年 10 月 24 日，劳动能力鉴定委员会认定周某已达到职工工伤与职业病致残等级标准 6 级，周某支付了劳动能力鉴定费 200 元。2011 年 11 月 4 日，周某以甲公司未缴纳社会保险费及拖欠工资为由提出解除劳动关系。当日周某再次向当地仲裁委员会申请仲裁，要求甲公司支付住院伙食补助费、停工留薪期工资、一次性伤残补助金、一次性工伤医疗补助金、一次性伤残就业补助金、劳动能力鉴定费等各项工伤保险待遇。仲裁委员会裁决甲公司向周某支付 2009 年 5 月 27 日至 6 月 29 日伙食补助费 1190 元、2009 年 7 月至 12 月停工留薪期工资 18000 元、2010 年 1 月至 2011 年 11 月 4 日伤残津贴 39931.03 元、一次性伤残补助金 42000 元、一次性工伤医疗补助金及伤残就业补助金 105025 元、劳动能力鉴定费 200 元。甲公司不服仲裁裁决，向人民法院提起诉讼。一审法院经审理认为，周某被认定为工伤 6 级，而甲公司未为周某缴纳工伤保险费，故甲公司应按照《工伤保险条例》规定的工伤保险待遇的项目和标准向周某支付各项费用，最终判决结果同仲裁裁决一致。甲公司不服一审判决，提起上诉。二审法院终审维持一审判决。

【专家评析】

社会保险法第 33 条规定："职工应当参加工伤保险，由用人单位缴纳工伤保险费，职工不缴纳工伤保险费。"第 36 条第 1 款规定："职工因工作原因受到事故伤害或者患职业病，且经工伤认定的，享受工伤保险待遇；其中，经劳动能力鉴定丧失劳动能力的，享受伤残待遇。"用人单位依法为劳动者缴纳工伤保险后，因工伤发生的下列费用由工伤保险基金支付：（1）治疗工伤的医疗费用和康复费用；（2）住院伙食补助费；(3）到统筹地区以外就医的交通食宿费；(4）安装配置伤残辅助器具所需费用；(5) 生活不能自理的，经劳动能力鉴定委员会确认的生活护理费；(6) 一次性伤残补助金和1—4级伤残职工按月领取的伤残津贴；(7) 终止或解除劳动合同时，5—10级伤残职工应当享受的一次性医疗补助金；(8) 因工死亡的，其遗属领取的丧葬补助金、供养亲属抚恤金和因工死亡补助金；(9) 劳动能力鉴定费。因工伤发生的下列费用，由用人单位支付：(1) 治疗工伤期间的工资福利，即停工留薪期工资；(2) 停工留薪期内生活不能自理的生活护理费；(3) 5级、6级伤残职工按月领取的伤残津贴；(4) 终止或解除劳动合同时，5—10级伤残职工应当享受的一次性伤残就业补助金。

如果用人单位未依法为劳动者缴纳工伤保险，则劳动者无法享受应由工伤保险基金支付的各项保险待遇。为保护劳动者的合法权益，社会保险法第41条第1款规定："职工所在用人单位未依法缴纳工伤保险费，发生工伤事故的，由用人单位支付工伤保险待遇。用人单位不支付的，从工伤保险基金中先行支付。"《工伤保险条例》第62条第2款也规定："依照本条例规定应当参加工伤保险而未参加工伤保险的用人单位职工发生工伤的，由该用人单位按照本条例规定的工伤保险待遇项目和标准支付费用。"可见，原本应由工伤保险基金支付的各项工伤保险待遇转由用人单位支付，即由用人单位支付全部各项工伤保险待遇。正如本案中，甲公司未依法为周某缴纳工伤保险费，由此其应向周某支付全部各项工伤保险待遇。

此外，根据《工伤保险条例》第64条第2款规定："本条例所称本人工资，是指工伤职工因工作遭受事故伤害或者患职业病前12个月平均月缴费工资……"而实践中，存在用人单位未为劳动者足额缴纳工伤保险的情况，即工伤保险的缴费基数低于实际工资标准。工伤保险基金以上述低于实际工资标准的本人工资为基数来核算一次性伤残补助金或工亡职工的供养亲属抚恤金。导致的后果是，劳动者从工伤保险基金领取的一次性伤残补助金或工亡职工的供养亲属抚恤金金额降低。那么，由此造成的损失如何处理呢?《北京市实施〈工伤保险条例〉若干规定》（北京市人民政府令第242号）第27条对此作出了如下规定："用人单位未足额缴纳工伤保险费，造成工伤职工享受的工伤保险待遇降低的，降低部分由该用人单位支付。”实践中可以参照处理。

【法条指引】

中华人民共和国社会保险法

第三十三条 职工应当参加工伤保险，由用人单位缴纳工伤保险费，职工不缴纳工伤保险费。

第三十六条 职工因工作原因受到事故伤害或者患职业病，且经工伤认定的，享受工伤保险待遇；其中，经劳动能力鉴定丧失劳动能力的，享受伤残待遇。

工伤认定和劳动能力鉴定应当简捷、方便。

工伤保险条例

第六十二条 用人单位依照本条例规定应当参加工伤保险而未参加的，由社会保险行政部门责令限期参加，补缴应当缴纳的工伤保险费，并自欠缴之日起，按日加收百分之五的滞纳金；逾期仍不缴纳的，处欠缴数额1倍以上3倍以下的罚款。

依照本条例规定应当参加工伤保险而未参加工伤保险的用人单位职工发生工伤的，由该用人单位按照本条例规定的工伤保险待遇项目和标准支付费用。

用人单位参加工伤保险并补缴应当缴纳的工伤保险费、滞纳金后，由工伤保险基金和用人单位依照本条例的规定支付新发生的费用。

第六十四条 本条例所称工资总额，是指用人单位直接支付给本单位全部职工的劳动报酬总额。

本条例所称本人工资，是指工伤职工因工作遭受事故伤害或者患职业病前12个月平均月缴费工资。本人工资高于统筹地区职工平均工资300%的，按照统筹地区职工平均工资的300%计算；本人工资低于统筹地区职工平均工资60%的，按照统筹地区职工平均工资的60%计算。

▶ 8. 不慎违章操作致残能否享受工伤待遇?

【宣讲要点】

对于工伤的认定，不仅要考虑行为人的客观表现和后果，还要考虑行为人的主观动机。认定为工伤的劳动者，不仅在客观上有为履行职务而遭遇伤亡的情况，而且在主观上应当没有严重过错。对违章操作要视情况分别对待。如果职工因主观不慎，未能按照企业安全规章进行操作，仍应认定为工伤；如果职工因恶意而蓄意违章，显然不具备工伤的本质特征。将蓄意违章纳入工伤的范围内，与建立工伤制度的立法初衷是相违背的。

【典型案例】

邵某系某厂招聘的农民工，2000 年 7 月 1 日，邵某与该厂签订了为期 3 年的劳动合同，岗位为机修工。2002 年 8 月 3 日，车间主任安排邵某维修底浆离心筛，当他给齿轮加油时不慎将右臂轧伤，造成 4 级伤残。治疗结束后，单位为邵某安排了适当的工作，却拒绝支付他应享受的工伤津贴和伤残补助金，理由是：事故系本人违章作业造成，属人为责任事故，根据公司规定，“凡属认为责任事故，系本人责任的，原则上一切损失由本人负责，如有特殊情况，公司可适当给予照顾。”邵某不服，遂申诉到当地劳动争议仲裁委员会申请仲裁，要求单位依法支付工伤津贴和一次性伤残补助金。

【专家评析】

我国《工伤保险条例》制定的目的，是为了保障因工作遭受事故伤害或者职业病的职工获得医疗救治和经济补偿，促进工伤预防和职业康复，分散用人单位的工伤风险。然而对于工伤的认定，不仅要考虑行为人的客观表现和后果，还要考虑行为人的主观动机。认定为工伤的劳动者，不仅在客观上有为履行职务而遭遇伤亡的情况，而且在主观上应当没有严重过错。对违章操作要视情况分别对待。如果职工因主观不慎，未能按照企业安全规章进行操作，仍应认定为工伤；如果职工因恶意而蓄意违章，显然不具备工伤的本质特征。将蓄意违章纳入工伤的范围内，与建立工伤制度的立法初衷是相违背的。

本案中，邵某作为一名机修工，根据车间主任的指派，去维修机器，虽然他没有按公司安全规章进行操作负有一定责任，但是按照上述规定，理应认定为工伤，可以享受相应待遇，如医疗待遇、工伤津贴、一次性伤残补助金。该公司依据所谓的“公司规定”拒绝向邵某支付工伤津贴、一次性伤残补助金，显然与法律、法规相违背，应当予以纠正。

【法条指引】

工伤保险条例

第十四条 职工有下列情形之一的，应当认定为工伤：

（一）在工作时间和工作场所内，因工作原因受到事故伤害的；

（二）工作时间前后在工作场所内，从事与工作有关的预备性或者收尾性工作受到事故伤害的；

（三）在工作时间和工作场所内，因履行工作职责受到暴力等意外伤害的；

（四）患职业病的；

（五）因工外出期间，由于工作原因受到伤害或者发生事故下落不明的；

（六）在上下班途中，受到非本人主要责任的交通事故或者城市轨道交通、客运轮渡、火车事故伤害的；

（七）法律、行政法规规定应当认定为工伤的其他情形。

第十五条 职工有下列情形之一的，视同工伤：

（一）在工作时间和工作岗位，突发疾病死亡或者在48小时之内经抢救无效死亡的；

（二）在抢险救灾等维护国家利益、公共利益活动中受到伤害的；

（三）职工原在军队服役，因战、因公负伤致残，已取得革命伤残军人证，到用人单位后旧伤复发的。

职工有前款第（一）项、第（二）项情形的，按照本条例的有关规定享受工伤保险待遇；职工有前款第（三）项情形的，按照本条例的有关规定享受除一次性伤残补助金以外的工伤保险待遇。

第十六条　职工符合本条例第十四条、第十五条的规定，但是有下列情形之一的，不得认定为工伤或者视同工伤：

（一）故意犯罪的；

（二）醉酒或者吸毒的；

（三）自残或者自杀的。

▶ 9. 驾车送领导外出游玩意外死亡，能否认定为工亡？

【宣讲要点】

职工因交通事故死亡或者丧失劳动能力的，按照道路交通事故处理办法有关规定处理后，职工所在单位还应当按照有关部门的规定给予抚恤、劳动保险待遇。职工在因工外出期间发生交通事故而意外死亡的情况下，除了按交通事故的规定，由交通事故的责任人给予赔偿外，还应当按照有关规定由工伤保险基金给予赔偿。交通事故赔偿解决的是民事赔偿问题。而工伤保险赔偿，是职工依照国家法律享有的劳动保险的权利。

【典型案例】

周某是农村户口，被某公司聘为合同制司机。2011 年 9 月 20 日，周某驾驶公司的中巴车送经理梁某及其亲友到某自然风景区游玩。在游玩过程中，梁某及其亲友乘坐的游船发生倾覆，在岸边等候的周某见状，立即跳入水中救人。周某先后将梁某及其亲友救上岸，但自己因为力量用尽而溺水死亡。事情发生后，梁某向周某的家人支付了 4 万元作为补偿。周某的妻子出具了收条，收条上注明：收到某公司给付的周某意外死亡补偿金

4万元。2011年11月，周某的妻子到公司要求确认周某为工亡，依法享受工亡待遇。某公司认为，周某不是因工死亡，不应当享受工亡待遇。而且，该公司经理已经代表公司给付周某家人补偿金4万元，周某的家人不应当再要求其他赔偿。2012年1月，周某家人向当地社会保险行政部门提出了工亡认定申请。当地社会保险行政部门经调查核实后，作出了周某的意外死亡不属于工亡的认定决定。周某的家人对工亡认定结论不服，申请行政复议。复议机关维持原行政机关作出的工亡认定决定。周某的家人提起行政诉讼。

【专家评析】

本案中，农民工周某的死亡应当认定为工亡。首先，周某是因工作原因而意外死亡的。周某作为某公司聘用的司机，梁某作为某公司的经理，双方是上下级关系。周某要服从梁某的指令，而不能对梁某要求其从事的工作提出“因公”还是“因私”的质疑，只能视为工作任务加以完成。因此，当梁某要求其驾车送其和亲友外出时，周某只有遵照执行。按照《工伤保险条例》的规定，在工作时间和工作场所内，因履行工作职责受到暴力等意外伤害的，应当认定为工伤。周某是按照公司经理的要求在完成工作任务的过程中因工意外死亡的，所以，周某的死亡应当认定为工亡。其次，周某是某公司聘用的司机，与某公司存在劳动关系。按照劳动法和《工伤保险条例》的规定，职工因工受伤、致残、死亡的，应当享受工伤、工亡的待遇。周某死亡后，其家人应当享受丧葬补助金、供养亲属抚恤金和一次性工亡补助金等工亡待遇。梁某以某公司的名义支付给周某家人的4万元补偿金应当从上述费用中扣除。不足的部分由周某的家人从工伤保险基金中领取。至于在将梁某及其亲友安全送达目的地之后，周某的工作职责是否已经履行完毕，救助在游玩中落水的梁某及其亲友是否属于周某的工作职责范围的问题，由于周某救助的对象是其受聘公司的经理，周某施救的原因不是基于与梁某的私人关系，而是出于上下级的工作关系，因此属于履行自己的工作职责。周某因此而意外死亡，属于工亡。可见，在工作时间，因工作原因受到事故伤害的，应认定为工伤。交通事故赔偿解决的是民事赔偿问题。而工伤保险赔偿，是职工依照国家法律享有的劳动保险的权利。

【法条指引】

工伤保险条例

第十四条 职工有下列情形之一的，应当认定为工伤：

（一）在工作时间和工作场所内，因工作原因受到事故伤害的；

（二）工作时间前后在工作场所内，从事与工作有关的预备性或者收尾性工作受到事故伤害的；

（三）在工作时间和工作场所内，因履行工作职责受到暴力等意外伤害的；

（四）患职业病的；

（五）因工外出期间，由于工作原因受到伤害或者发生事故下落不明的；

（六）在上下班途中，受到非本人主要责任的交通事故或者城市轨道交通、客运轮渡、火车事故伤害的；

（七）法律、行政法规规定应当认定为工伤的其他情形。

▶ 10. 给单位购物被撞伤，能否享受工伤待遇？

【宣讲要点】

关于工伤的认定条件之一，要求职工必须是在工作时间和工作场所内，因工作原因受到事故伤害的，才能认定为工伤。这是职工依照国家法律享有的劳动保险的权利。

【典型案例】

刘某为某工厂合同制农民工。2004 年 2 月 16 日，刘某发现其所在车间的机床零件损坏，遂上报了车间主任。车间主任安排刘某的同事到街上购买。刘某担心同事买错零件，主动陪其前往。在购买零件的过程中，刘某被一辆疾驶的摩托车撞伤，送医院抢救。肇事摩托车逃逸。在抢救和住院治疗的过程中，共花去医疗费3000余元。出院后，刘某向所在单位提出：自己是在为单位上街购物的过程中受伤的，应当享受工伤待遇。某工厂认为，工厂并未安排刘某上街购买零件，刘某在工作时间擅离工作岗位，其因交通事故遭受的损失应当由交通肇事责任人承担，而不应当享受工伤待遇。刘某向当地劳动争议仲裁委员会申请仲裁。劳动争议仲裁委员会经调查核实后，裁决某工厂对刘某所受伤害不属工伤的意见是正确的。刘某对仲裁裁决不服，向当地人民法院起诉。

【专家评析】

本案中，刘某上街购买机床零件，是在单位已经指派了其他人的情况下，主动陪同前往的。刘某在此过程中，因道路交通事故而受到伤害，显然不是因工外出期间，为执行工作任务而受到的伤害，不应当认定为工伤。对刘某要求享受工伤待遇的诉讼请求不应当支持。刘某属于非因工受伤，根据《工伤保险条例》的规定，刘某在这种情况下可以享受非因工受伤待遇，包括企业应当负担一定的医疗费用，发给停止工作治疗期间的工资等。在职工非因工受伤是由于侵权造成的情况下，医疗费用等应当由侵权人承担；职工停止工作治疗期间的工资，企业应当按照停止工作治疗期间的工资标准，发给相应的伤假期工资，职工收入减少的部分，由侵权人承担。因此，在职工非因工受伤是侵权造成的情况下，仍然存在着享受非因工受伤待遇的问题。如果企业没有按照相应的规定，给予职工相应的待遇，职工有权请求获得相应的待遇。

另外，刘某上街购买机床零件，主观目的是为了工作，在客观上，某工厂因刘某的行为而受益。根据《最高人民法院关于贯彻执行〈中华人民共和国民法通则〉若干问题的意见（试行）》第157条的规定，当事人对造成损害均无过错，但一方是在为对方的利益或者共同的利益进行活动的过程中受到损害的，可以责令对方或者受益人给予一定的经济补偿。对于刘某在为单位购买零件的过程中而受到的损害，应当由某工厂给予一定的经济补偿。

【法条指引】

工伤保险条例

第十四条 职工有下列情形之一的，应当认定为工伤：

（一）在工作时间和工作场所内，因工作原因受到事故伤害的；

（二）工作时间前后在工作场所内，从事与工作有关的预备性或者收尾性工作受到事故伤害的；

（三）在工作时间和工作场所内，因履行工作职责受到暴力等意外伤害的；

（四）患职业病的；

（五）因工外出期间，由于工作原因受到伤害或者发生事故下落不明的；

（六）在上下班途中，受到非本人主要责任的交通事故或者城市轨道交通、客运轮渡、火车事故伤害的；

（七）法律、行政法规规定应当认定为工伤的其他情形。

▶ 11. 在与入室盗窃的犯罪分子搏斗过程中受伤，能否视同工伤？

【宣讲要点】

工伤主要是指在工作时间和工作场所内，因工作原因受到的事故伤害。除此之外，在抢险救灾等维护国家利益、公共利益活动中受到伤害的，虽然与工作没有直接关系，但是应当得到社会的肯定和鼓励，所以也视同工伤，享受工伤待遇。

【典型案例】

农民工华某，2009 年到某市一家服装厂工作。服装厂安排华某住在工厂的单身宿舍内。2011年2月3日晚，华某在休息时听到宿舍内有异常的响动。华某起身查看，发现有人入室盗窃。在与犯罪分子搏斗过程中，华某被刺伤，犯罪分子逃逸。华某住院治疗半个月，先后花去医疗费4000余元。华某向某工厂提出自己是在与犯罪分子搏斗过程中受伤的，应当享受工伤待遇。某工厂认为，华某受伤与工作无关，也不是在抢险救灾等维护国家利益、公共利益活动中受到伤害的，不能享受工伤待遇。华某向当地社会保险行政部门提出工伤认定申请，当地社会保险行政部门经调查核实后，作出了华某所受的伤害不视同工伤的认定决定。华某又提起行政复议。

【专家评析】

本案中，华某是在与进入所在单位的单身宿舍盗窃的犯罪分子作斗争的过程中受到伤害的。华某的行为除了维护自身的生命和财产安全之外，也保护了所在单位的财产安全，维护了正常的社会生活秩序和公共利益，其行为应当得到鼓励。应按照《工伤保险条例》的规定，可以视同工伤，享受工伤待遇。同时，犯罪分子能够进入某工厂的单身宿舍盗窃，说明该工厂的治安防范管理上存在一定的纰漏。华某所受的伤害与所在单位安全管理不严密也有一定的关系。依照《工伤保险条例》和《工伤认定办法》的规定，在华某所在单位不同意华某享受工伤待遇、不提出工伤认定申请的情况下，华某可以在事故伤害发生之日起一年内，直接向用人单位所在地工伤保险统筹地区社会保险行政部门提出工伤认定申请。对工伤认定结论不服的，可以依法申请行政复议。华某采取的维护自身合法权益的步骤是符合法律程序的。

作为工伤，按照《工伤保险条例》的规定，华某的医疗费用如果符合工伤保险诊疗项目目录、工伤保险药品目录、工伤保险住院服务标准的，应当由工伤保险基金支付。华某在住院治疗期间，由所在单位按照本单位因公出差伙食补助标准的70%发给住院伙食补助费。华某住院期间的工资福利待遇不变。如果当地社会保险行政部门作出“不视同工伤”的认定是正确的，也应当对华某所受不法伤害给予适当金钱抚慰和经济补偿。

【法条指引】

工伤保险条例

第十五条　职工有下列情形之一的，视同工伤：

（一）在工作时间和工作岗位，突发疾病死亡或者在48小时之内经抢救无效死亡的；

（二）在抢险救灾等维护国家利益、公共利益活动中受到伤害的；

（三）职工原在军队服役，因战、因公负伤致残，已取得革命伤残军人证，到用人单位后旧伤复发的。

职工有前款第（一）项、第（二）项情形的，按照本条例的有关规定享受工伤保险待遇；职工有前款第（三）项情形的，按照本条例的有关规定享受除一次性伤残补助金以外的工伤保险待遇。

▶ 12. 为完成单位指定任务以外的其他工作而受到伤害的，能否认定为工伤？

【宣讲要点】

工伤认定的核心要素是职工所受的人身伤害必须和工作有关。基于维护国家和社会的公共利益等考虑，《工伤保险条例》还规定了几种视同工伤的情况。除此之外，职工所受的其他与工作无关的人身伤害都不能作为工伤，不能享受工伤待遇。

【典型案例】

陈某为某工厂技工。2012年1月5日，陈某完成自己的工作之后，正准备下班。同事刘某被安排加班，请求陈某留下帮自己完成加班任务。陈某碍于情面，遂留下和刘某一起干活。在操作机器的过程中，由于刘某违反安全操作规程，导致陈某左手被轧伤致残。事后，陈某向单位提出按工伤对待，遭到单位的拒绝。工厂认为，陈某在刘某的要求下，是碍于同事情面，从事与单位安排的工作无关的其他工作而受到伤害的，按照《工伤保险条例》的规定，不能认定为工伤，所以不同意陈某享受工伤待遇。陈某向社会保险行政部门提出工伤认定申请。

【专家评析】

按照《工伤保险条例》的规定，认定工伤的核心要素是职工所受的人身伤害必须和工作有关。基于维护国家和社会的公共利益等考虑，《工伤保险条例》还规定了几种视同工伤的情况。除此之外，职工所受的其他与工作无关的人身伤害都不能作为工伤，不能享受工伤待遇。劳动法和《工伤保险条例》等劳动法律、法规确立工伤保险制度的立法宗旨是维护劳动者的合法权益。但不能将这一法律的基本原则绝对化，否则就对用人单位造成了不公正。在认定工伤的过程中，要综合考虑产生工伤的各方面因素，结合《工伤保险条例》的规定，作出客观公正的认定。

在本案中，陈某是某工厂职工，与工厂存在劳动关系。但其受伤不是在工作时间之内，而是在下班之后。陈某提供帮助的事项虽然也是工厂安排的工作，但不是陈某本人的工作，而是工厂安排给刘某的加班任务。从这个意义上，不能认为陈某是由于工作原因受到事故伤害的。所以，陈某的伤害不能认定为工伤，陈某所受人身伤害的赔偿责任应当由刘某承担。一方面，陈某是在为刘某提供帮助的情况下受伤的；另一方面，造成陈某受伤的原因是刘某的违章操作，刘某具有过错。刘某作为因自身过错而造成他人人身伤害的侵权人，应当承担赔偿责任。

【法条指引】

工伤保险条例

第十四条　职工有下列情形之一的，应当认定为工伤：

（一）在工作时间和工作场所内，因工作原因受到事故伤害的；

（二）工作时间前后在工作场所内，从事与工作有关的预备性或者收尾性工作受到事故伤害的；

（三）在工作时间和工作场所内，因履行工作职责受到暴力等意外伤害的；

（四）患职业病的；

（五）因工外出期间，由于工作原因受到伤害或者发生事故下落不明的；

（六）在上下班途中，受到非本人主要责任的交通事故或者城市轨道交通、客运轮渡、火车事故伤害的；

（七）法律、行政法规规定应当认定为工伤的其他情形。

第十五条　职工有下列情形之一的，视同工伤：

（一）在工作时间和工作岗位，突发疾病死亡或者在48小时之内经抢救无效死亡的；

（二）在抢险救灾等维护国家利益、公共利益活动中受到伤害的；

（三）职工原在军队服役，因战、因公负伤致残，已取得革命伤残军人证，到用人单位后旧伤复发的。

职工有前款第（一）项、第（二）项情形的，按照本条例的有关规定享受工伤保险待遇；职工有前款第（三）项情形的，按照本条例的有关规定享受除一次性伤残补助金以外的工伤保险待遇。

▶ 13. 司机在执行公务期间发生负全部责任的交通事故而死亡的，能否认定为工伤？

【宣讲要点】

职工因交通事故死亡或者丧失劳动能力的，按照道路交通事故处理办法有关规定处理后，职工所在单位还应当按照有关部门的规定给予抚恤、劳动保险待遇。职工在因工外出期间发生交通事故而意外死亡的情况下，除了按交通事故的规定，由交通事故的责任人给予赔偿外，还应当按照有关规定由工伤保险基金给予赔偿。交通事故赔偿解决的是民事赔偿问题；而工伤保险赔偿，是职工依照国家法律享有的劳动保险的权利。

【典型案例】

某村农民孙某掌握了驾驶技术，被某工厂聘为司机。2011 年 8 月，孙某驾驶单位的运货卡车前往外地送货。在行经某县时，发生严重交通事故，卡车翻入路边的深沟，造成车毁人亡。交警部门现场勘察后，认定孙某负交通事故的全部责任。事后，孙某的家人找到某工厂，要求给予工亡待遇。某工厂认为，此次交通事故完全是由于孙某的过错造成的，孙某负交通事故的全部责任，按照有关规定，孙某不符合工亡的条件，不能享受工亡的待遇。孙某的家人相信了某工厂的解释，经双方协商，达成协议：由某工厂一次性地付给孙某家人补偿金 30000 元，作为孙某的丧葬费和亲属抚恤金以及其他一切费用。协议注明：孙某死亡一事就此了结。之后，孙某家人经咨询得知：孙某的死亡应当属于工亡，可以享受工亡待遇，遂向工厂再次提出对孙某认定为工亡和享受工亡待遇的要求，工厂以双方已经就孙某死亡一事自愿达成补偿协议，此事已了结为由，予以拒绝。孙某家人向当地劳动争议仲裁委员会提请仲裁。劳动争议仲裁委员会经审查后认为，某工厂对孙某死亡不属于工亡的意见是正确的，双方达成的补偿协议合法有效，对双方当事人均有法律约束力，应当按照协议履行。孙某家人不服裁决，向当地人民法院提起诉讼。

【专家评析】

《工伤保险条例》规定的排除在工伤认定范围之外的情况包括：故意犯罪的；醉酒或者吸毒的；自残或者自杀的。《工伤保险条例》没有明确规定过失违章的行为是否应当排除在工伤的范围之外，孙某是在执行工作任务的过程中发生交通事故死亡的，应认定为工亡。本案中，孙某的家属相信了工厂对孙某在交通事故中死亡性质的错误解释，认为孙某的死亡不属于工亡，双方达成的补偿协议不是当事人真实的意思表示，是有重大误解的民事行为。按照民法通则和合同法的规定，属于可撤销的民事行为。孙某家属提请劳动争议仲裁，对裁决不服又向人民法院提起诉讼，已经行使了撤销权，人民法院应当判决孙某的家属与某工厂签订的协议无效，对因孙某在执行单位的工作任务的过程中发生负全部责任的交通事故而意外死亡的事实和由此产生的权利义务关系重新作出认定和处理。

按照道路交通安全法的规定，道路交通事故同时又是工伤事故的，受害人除了可以向侵权责任人要求赔偿外，还可以享受工伤保险待遇。本案中，孙某在交通事故中负全部责任，无法向道路交通事故的责任人要求赔偿，只能获得工伤保险赔偿或补偿。因此，孙某在执行所在单位的工作任务的过程中非蓄意违章而发生负全部责任的交通事故而死亡，应当认定为工伤，享受工伤保险待遇。由于某工厂事先与孙某的家属达成了协议并给予孙某的家属一定的赔偿，这笔赔偿费用应当从工伤保险待遇中扣除，由工伤保险的经办机构返还给某工厂。其余部分由工伤保险经办机构发给孙某的家属。

【法条指引】

工伤保险条例

第十四条 职工有下列情形之一的，应当认定为工伤：

（一）在工作时间和工作场所内，因工作原因受到事故伤害的；

（二）工作时间前后在工作场所内，从事与工作有关的预备性或者收尾性工作受到事故伤害的；

（三）在工作时间和工作场所内，因履行工作职责受到暴力等意外伤害的；

（四）患职业病的；

（五）因工外出期间，由于工作原因受到伤害或者发生事故下落不明的；

（六）在上下班途中，受到非本人主要责任的交通事故或者城市轨道交通、客运轮渡、火车事故伤害的；

（七）法律、行政法规规定应当认定为工伤的其他情形。

▶ 14. 劳动者在工间休息时受到意外伤害，能否认定为工伤?

【宣讲要点】

在生产工作的时间和区域内，由于不安全因素造成意外伤害的，应当认定为工伤。职工的工间休息时间，仍属于上班工作时间。在工间休息时间受到伤害的，应该视同在工作期间或由于工作而导致的伤害。

【典型案例】

农民工王某为某粮站招聘的装卸工。2011 年 8 月 20 日，王某在工间休息时，爬到高达 5 米的粮垛顶端休息，由于刚刚装完一车粮食，身体十分疲劳，王某在粮垛上打起了盹儿。由于王某所在的位置处于粮垛的边缘，一不留神，他从粮垛上摔了下来。粮站迅速将其送往医院抢救。在住院治疗期间，共花去医疗费 5000 元。治疗结束后，经劳动能力鉴定委员会鉴定，王某为 6 级伤残。王某向所在单位提出自己应当享受工伤待遇，但粮站认为王某受伤不是在工作时间，而是在工间休息时。同时，粮站有明文规定：为避免发生危险，禁止职工非因工作关系攀登粮垛。王某选择在粮垛顶端休息，导致自己摔伤，是由于其自身过错造成的。单位已经为王某支付了全部医疗费用。王某所受伤害不能认定为工伤，不同意给予王某工伤待遇。王某不服单位的结论，向当地社会保险行政部门提出了工伤认定申请。社会保险行政部门接受了粮站的意见，作出王某所受伤害不属于工伤的认定决定。王某向上级社会保险行政部门提出复议申请。

【专家评析】

本案中，王某应当认定为工伤。《工伤保险条例》所称的工作时间、工作场所和工作原因应当作广义的理解。首先，王某所从事的装卸工作具有间断性的特点，在工作过程中需要间隔休息是由该工作工作量集中、劳动强度大的性质决定的。工间休息是必要的，也是被允许的。工间休息时间应当被视为整个工作时间的一部分。因此，王某所受伤害是在工作时间发生的。其次，王某休息时从上面摔下的粮垛在王某的工作场所内，王某虽然不是受单位的指派登上粮垛，但这并不能改变王某所受的伤害是在工作场所发生的事实。最后，王某所受伤害是不是因工作原因而发生的？对此，应当全面地分析王某受伤的过程。王某之所以到粮垛顶端休息是为了恢复由于工作原因而造成的身体疲劳，其从粮垛上摔下，也是因为在工作中过于劳累，体力消耗过大，在休息过程中打盹引起的。所以，王某在工间休息时所受的伤害属于在工作时间和工作场所内，因工作原因受到的事故伤害，认定为工伤，享受工伤待遇，比较符合有关规定和切合实际，也有利于保护劳动者的合法权益。

另外，关于王某违反粮站“职工非因工作原因不得攀登粮垛”规定的问题。王某的行为违反了所在单位的明文规定，所在单位可以根据单位的规章制度对其进行处分，但不能与工伤认定的问题混淆，以王某违反了单位的规章制度而剥夺其享受工伤待遇权利。

【法条指引】

工伤保险条例

第十四条　职工有下列情形之一的，应当认定为工伤：

（一）在工作时间和工作场所内，因工作原因受到事故伤害的；

（二）工作时间前后在工作场所内，从事与工作有关的预备性或者收尾性工作受到事故伤害的；

（三）在工作时间和工作场所内，因履行工作职责受到暴力等意外伤害的；

（四）患职业病的；

（五）因工外出期间，由于工作原因受到伤害或者发生事故下落不明的；

（六）在上下班途中，受到非本人主要责任的交通事故或者城市轨道交通、客运轮渡、火车事故伤害的；

（七）法律、行政法规规定应当认定为工伤的其他情形。

▶ 15. 企业内部承包发生的工伤由谁负责？

【宣讲要点】

企业与职工个人签订承包合同，是企业内部经营管理的一种方式。企业经营机制的转变，并未改变企业和职工的劳动关系，也未改变承包者的职工身份，因此企业应按照国家现行政策保障职工的社会保险权益。

【典型案例】

樊某从农村来到南方某制造公司打工。2010 年 1 月，该公司将所属纸箱厂的厂房及租赁设备租赁给本单位职工杨某经营，并与杨某签订了承包经营合同。合同约定：杨某负责安排某制造公司生产人员 10 名，承办期内杨某及上述生产人员发生伤亡，费用全部由杨某负担。樊某即为杨某同意安排上岗的公司人员。2011 年 3 月 3 日上午，樊某在自己的工作岗位上操作时，被机器轧断左臂，送往医院治疗。承包人杨某在樊某负伤后为其支付了急诊处置费用，当樊某继续治疗找杨某报销医疗费时，杨某以其违章作业为由拒绝支付医疗费，并让樊某找公司处理。樊某找到公司经理后，经理却依据经营承包合同不支付治疗费用。樊某无奈，遂向人民法院起诉。

【专家评析】

如果私人包工负责人是发包单位的职工并属于合法承包者，其工伤待遇由发包单位按国家有关规定执行。如果私人包工负责人与发包单位没有劳动关系而只订立了经济承包合同，若经济承包合同中对其工伤问题明确规定，则按照经济承包合同执行；若经济承包合同中对其工伤问题没有约定，则由其本人负责。本案中，由于承包方杨某也系发包方的职工，因此发生工伤事故后，某制造公司理应承担责任。至于双方在承包合同中约定的责任由杨某负担的条款，其内容违反了《劳动部关于企业内部个人承包中保险待遇问题给四川省劳动厅的复函》（劳险字〔1992〕27号），该复函明确规定："企业与职工个人签订承包合同，是企业内部经营管理的一种方式。企业经营机制的转变，并未改变企业和职工的劳动关系，也未改变承包者的职工身份，因此企业按照国家现行政策保障职工的社会保险权益。"据此，单位在承包合同中将伤亡风险转嫁给职工本人，这种做法不符合我国有关法律的规定。

【法条指引】

劳动部办公厅关于私人包工负责人工伤待遇支付问题的复函

……

如果私人包工负责人是发包单位的职工并属于合法承包者，其工伤待遇由发包单位按国家有关规定执行。

如果私人包工负责人与发包单位没有劳动关系而只订立了经济承包合同，若经济承包合同中对其工伤问题有明确约定，则按照合同执行；若经济承包合同中对其工伤问题没有约定，则由其本人负责。

……

▶ 16. 未与原单位解除劳动关系的农民工在其他单位发生工伤事故，工伤保险责任应当由谁承担?

【宣讲要点】

劳动者与原单位的劳动关系没有解除，与新的单位又建立了新的劳动关系，以致形成了双重的劳动关系。在双重劳动关系中，职工在现在的工作单位，在工作时间和工作场所内，因工作的原因而受到的事故伤害，显然是工伤，现在的单位应当承担工伤保险责任。尽管职工与现在的单位并没有建立起规范的劳动关系，但是他们之间已经形成了事实上的劳动关系，对于这种情况，我国法律、法规已经明确地予以承认和保护。

【典型案例】

某村农民张某到城里打工多年，1999年与一家制衣厂签订了劳动合同，为期5年。后来由于工厂效益不好，工厂对工人放了长假。张某在未与原单位解除劳动关系的情况下，外出务工。2003年7月，张某受雇于某服装厂，从事服装加工工作。双方未签订劳动合同。2004年2月，张某加班至深夜，由于工作过于疲劳，注意力分散，在使用缝纫机的过程中，他的右手拇指被轧伤。在治疗过程中，共花去医疗费1300余元，服装厂为其支付了全部医疗费用。治疗结束后，张某向当地劳动能力鉴定委员会申请劳动能力鉴定。经鉴定，张某为8级伤残。由于右手伤残，不能继续从事制衣工作，张某要求服装厂给予自己工伤待遇。服装厂认为自己已经为张某支付了医疗费，不同意再支付其他费用。张某又向原单位提出享受工伤待遇。原单位认为，张某不是在本单位工作期间受的伤，不应当由本单位承担工伤保险责任。张某向当地劳动争议仲裁机构提请仲裁。

【专家评析】

劳动者与原单位的劳动关系没有解除，与新的单位又建立了新的劳动关系，以致形成了双重的劳动关系。在双重劳动关系中，劳动者是在现在的工作单位中发生工伤的，并非从事原单位的生产工作而受伤，工伤保险责任由原单位承担是显失公平的，劳动者现在的工作单位应当承担工伤保险责任。虽然职工与现在的工作单位之间没有建立起规范的劳动关系，但这不是职工自身的过错，而是由于企业和社会的原因造成的。不能以此为由，否认两者之间事实上的劳动关系的存在，免除企业应当承担的工伤保险责任。对于事实上的劳动关系，我国劳动法律、法规已经明确地予以承认和保护。

本案中，张某虽然没有与某服装厂签订劳动合同，但两者之间存在事实上的劳动关系，张某作为劳动者的合法权益应当得到保护。某服装厂应当承担张某的全部工伤保险责任。由于某服装厂没有为张某缴纳工伤保险费，张某的一次性伤残补助金和医疗费用应当由某服装厂承担。张某在住院治疗期间的工资福利待遇不变。张某与原单位某制衣厂没有解除劳动关系，在张某的治疗结束后，原单位应当为其安排适当的工作，不能认为张某不是在原单位工作期间受的伤，原单位就不承担任何责任。

【法条指引】

工伤保险条例

第六十五条　公务员和参照公务员法管理的事业单位、社会团体的工作人员因工作遭受事故伤害或者患职业病的，由所在单位支付费用。具体办法由国务院社会保险行政部门会同国务院财政部门规定。

▶ 17. 在工伤认定过程中，如何正确区分劳动关系和加工承揽关系?

【宣讲要点】

劳动者在工作时间和工作场所内，因工作原因受到事故伤害的，应当认定为工伤。但工伤认定是以当事人之间存在的劳动关系为前提的。在区分劳动关系和加工承揽关系时应当注意：所谓加工承揽合同，是指承揽人按照定做人的要求完成一定的工作，并交付工作成果；定作人接受承揽人的工作成果并给付报酬的合同。承揽合同与劳动合同的共同点在于：两者都是具有一定的人身性质的合同；都是建立在劳动者提供一定劳动的基础上的。两者的区别是：承揽合同以完成一定的工作为目的，合同的标的是承揽人完成的工作成果，而不是劳动过程本身；而劳动合同的标的则是劳动者和用人单位在劳动过程中的权利和义务。在承揽合同中，承揽人以自己的设备、技术和劳力独立完成工作，不受定作人的指挥管理。在承揽人与定作人之间没有隶属关系，两者的地位是平等的。而在劳动合同中，劳动者与用人单位之间存在隶属关系。用人单位是管理者，劳动者是被管理者。用人单位要为劳动者安排生产任务，制定工作时间、工作地点和工作要求，并以各种规章制度来约束劳动者。

【典型案例】

2003年9月，某玩具厂在某县招工，条件是：劳动地点在工厂车间，劳动者自带生产工具，由工厂分配生产任务，按加工合格的产品计件付给报酬。该县某村农民袁某应聘后被玩具厂录用。双方没有签订劳动合同。在劳动过程中，该玩具厂管理比较松散，没有规定上下班的时间，劳动者只要完成工厂交给的生产任务，即可以离厂回家。劳动报酬的领取也是随机的。工厂资金比较充裕的时候，就按劳动者前一阶段加工的产品的数量付给报酬。2004年1月，袁某在劳动过程中，右手被切伤。在住院治疗期间，共花去医疗费用3000余元。事后，经鉴定，袁某为7级伤残。袁某向玩具厂提出自己是在工作的过程中受伤的，应当按照工伤对待。玩具厂认为其与袁某之间没有劳动关系，袁某不是该工厂职工，不能享受工伤待遇。双方经多次协商未果，袁某向当地劳动争议仲裁委员会申请仲裁。

【专家评析】

在区分劳动关系和加工承揽关系时应当注意：所谓加工承揽合同，是指承揽人按照定做人的要求完成一定的工作，并交付工作成果；定作人接受承揽人的工作成果并给付报酬的合同。承揽合同与劳动合同的共同点在于：两者都是具有一定的人身性质的合同；都是建立在劳动者提供一定劳动的基础上的。两者的区别是：承揽合同以完成一定的工作为目的，合同的标的是承揽人完成的工作成果，而不是劳动过程本身，而劳动合同的标的则是劳动者和用人单位在劳动过程中的权利和义务。在承揽合同中，承揽人以自己的设备、技术和劳力独立完成工作，不受定作人的指挥管理。在承揽人与定作人之间没有隶属关系，两者的地位是平等的。而在劳动合同中，劳动者与用人单位之间存在隶属关系。用人单位是管理者，劳动者是被管理者。用人单位要为劳动者安排生产任务，制定工作时间、工作地点和工作要求，并以各种规章制度来约束劳动者。

本案中，某玩具厂在招聘袁某的过程中，未与其签订劳动合同，其目的是为了逃避自己应当对劳动者承担的劳动保护和工伤保险责任。同时，其管理较为松散，既没有为劳动者提供必要的生产条件，也没有规定劳动者的劳动时间和其他劳动要求，但这只是企业在管理上存在的问题，不能以此来否认两者之间存在劳动关系，否则就会为企业侵犯劳动者的权益大开方便之门。某玩具厂在录用袁某的时候，采取的是招工的形式，而不是将自己的生产任务以定做的方式交给袁某，自己作为定作人，袁某作为加工承揽人。所以，当事人双方从一开始就不具备建立加工承揽关系的意思，而是希望建立劳动关系。在劳动过程中，工厂向袁某安排生产任务，并明确指定生产任务要在工厂中完成。按照工厂的要求，袁某自带生产工具，这是由于工厂的生产条件不完善造成的，不能以此来认定两者的关系是加工承揽关系。袁某在劳动时间和劳动场所内，因工作原因而受到事故伤害，按照《工伤保险条例》的规定，应当认定为工伤，享受工伤待遇。某玩具厂逃避其应当承担的工伤保险责任的做法是错误的。

【法条指引】

工伤保险条例

第十四条　职工有下列情形之一的，应当认定为工伤：

（一）在工作时间和工作场所内，因工作原因受到事故伤害的；

（二）工作时间前后在工作场所内，从事与工作有关的预备性或者收尾性工作受到事故伤害的；

（三）在工作时间和工作场所内，因履行工作职责受到暴力等意外伤害的；

（四）患职业病的；

（五）因工外出期间，由于工作原因受到伤害或者发生事故下落不明的；

（六）在上下班途中，受到非本人主要责任的交通事故或者城市轨道交通、客运轮渡、火车事故伤害的；

（七）法律、行政法规规定应当认定为工伤的其他情形。

▶ 18. 承揽人雇佣他人帮助完成工作的，发生工伤事故应当由谁承担责任？

【宣讲要点】

承揽合同，是承揽人按照定做人的要求完成工作，交付工作成果，定作人给付报酬的合同。承揽包括加工、定作、修理、复制、测试、检验等工作。承揽人应当以自己的设备、技术和劳力，完成主要工作，但当事人另有约定的除外。承揽人将其承揽的主要工作交由第三人完成的，应当就该第三人完成的工作成果向定作人负责；未经定作人同意的，定作人也可以解除合同。承揽人可以将其承揽的辅助工作交由第三人完成。承揽人将其承揽的辅助工作交由第三人完成的，应当就该第三人完成的工作成果向定作人负责。

【典型案例】

2003 年 11 月，沈某承包了某公司办公楼外墙壁装修任务。经双方协商，约定每工以 30 元计酬。沈某找了农民工尤某等 3 人一起干活，自备工具。沈某与尤某等 3 人商定每工以 25 元计酬。在劳动过程中，尤某等 3 人的具体工作任务均由沈某安排和监督检查。某公司门卫室将每天上工人数均记在沈某的名下。2003 年 12 月底，沈某向某公司领取了酬金 5790 元，并按约定的每工 25 元向尤某等 3 人支付了报酬。2004 年 1 月，尤某在装修过程中从 2 楼阳台上不慎摔下，被送至当地医院抢救，在住院治疗期间共花去医疗费用 7530 元。尤某伤情稳定后，经劳动能力鉴定委员会鉴定为 8 级伤残。沈某、尤某与某公司就尤某所受损失的赔偿问题发生争议。尤某向当地劳动争议仲裁委员会申请仲裁。劳动争议仲裁委员会经审查后裁决：尤某在工作时间和工作场所，因工作原因受到事故伤害，应当认定为工伤。尤某的损失应当由雇主沈某负责赔偿，某公司作为受益人也应当承担适当的补偿责任。沈某赔偿尤某 14800 元，某公司赔偿 13000 元。沈某不服裁决，以某公司和尤某为共同被告向人民法院起诉，称自己与某公司不是承揽关系，而是雇佣关系。自己受某公司委托雇佣尤某等3人一起完成该公司办公楼外墙壁装修任务，而不是承包装修任务后再雇佣尤某等人。尤某因工受伤致残，应当由某公司负责赔偿。某公司辩称：某公司将办公楼外墙壁装修工程承包给沈某，商定每工以30元计酬，由门卫室计工。尤某等3人是沈某雇佣完成装修任务的，具体工作由沈某负责安排。尤某在工作期间因工负伤，应当由沈某负责赔偿其损失。自己作为受益人，同意承担适当的赔偿责任，服从劳动争议仲裁委员会的裁决。尤某辩称：自己受沈某雇佣从事某公司办公楼的外墙壁装修工作，雇佣劳动期间由沈某安排具体工作并监督检查。在劳动过程中因工受伤，沈某应当负责赔偿损失，服从劳动争议仲裁委员会裁决。

【专家评析】

本案中，沈某与某公司之间是承揽关系，承揽人在承揽中应自行承担风险责任，即承揽人在承揽事务中致他人损害，或自己损害及致承揽辅助人损害，均由承揽人自己承担，与定作人无关，除非定作人的指示有过失。定作人指示有过失的，定作人应当承担赔偿责任。尤某在沈某的安排和监督管理下从事装修工作，没有按照某公司的指示工作，不存在定作人的指示有过失的问题。其在装修过程中摔伤致残，不是某公司作为定作人给予指示的结果，而是承揽人在完成承揽工作的过程中发生的意外，不应当由某公司承担责任，而应当由其雇主即装修工作的承揽人承担责任。但某公司愿意作为受益人承担适当的补偿责任，对此，应当尊重当事人的意愿，予以准许。

沈某与尤某等3人是雇佣关系，在雇佣关系中，雇员在工作过程中受到的伤害，由雇主承担无过错赔偿责任，即除非雇员有故意自伤或重大过失造成自身伤害的，雇员应当自行承担责任；否则，无论雇主是否有过错，均应当承担损害赔偿责任。本案中，没有证据证明尤某有故意自伤或重大过失造成损害的情况，因此，尤某因工受伤致残应当由雇主沈某承担赔偿责任。本案已经由劳动争议仲裁委员会认定为工伤事故并作出裁决，因此以工伤事故处理并无不当。

【法条指引】

中华人民共和国合同法

第二百五十一条 承揽合同是承揽人按照定作人的要求完成工作，交付工作成果，定作人给付报酬的合同。

承揽包括加工、定作、修理、复制、测试、检验等工作。

第二百五十三条 承揽人应当以自己的设备、技术和劳力，完成主要工作，但当事人另有约定的除外。

承揽人将其承揽的主要工作交由第三人完成的，应当就该第三人完成的工作成果向定作人负责；未经定作人同意的，定作人也可以解除合同。

第二百五十四条 承揽人可以将其承揽的辅助工作交由第三人完成。承揽人将其承揽的辅助工作交由第三人完成的，应当就该第三人完成的工作成果向定作人负责。

▶ 19. 建筑队与建筑公司订立用工合同后工人受伤致残，应当由谁负责赔偿？

【宣讲要点】

企业职工一方与用人单位通过平等协商，可以就劳动报酬、工作时间、休息休假、劳动安全卫生、保险福利等事项订立集体合同。集体合同是指用人单位与本单位职工根据法律、法规、规章的规定，就劳动报酬、工作时间、休息休假、劳动安全卫生、职业培训、保险福利等事项，通过集体协商签订的书面协议。

【典型案例】

2005年12月，赵某以某建筑队的名义与某建筑公司签订一份用工合同。合同约定由赵某负责组织民工，必须服从某建筑公司的组织领导与工作安排，如赵某不能保证劳力数量，影响公司工程进度，公司有权辞退或罚款；施工期间公司支付给赵某所组织的人员部分生活费，余下费用待工程结束完工后一次付清；公司按赵某的工程量收入总额的10%给赵某作为施工管理费，包括管理人员工资、劳保福利、办公费、差旅费等。工人的工资以及保险金、福利费等都是由工人直接从公司领取，赵某的报酬是从公司领取。该合同签订后，赵某组织了王某等40余名工人到工地施工。2006年1月，王某在施工中被搅拌机搅伤右臂。入院治疗43天，医药费已由公司支付。2007年3月，赵某、王某与公司达成协议，双方约定公司除垫付上述医药费1万元外，一次性给付王某5万元作为日后一切治疗、残疾者用具、残疾者治疗期间误工补助、赡养、抚养、交通等费用开支，王某放弃向公司索赔的权利。协议签订后，双方办理了公证。王某获得公司赔偿后，其伤情经劳动能力鉴定委员会鉴定为伤残4级。王某遂以和赵某是雇佣关系为由，将赵某起诉到人民法院，要求赵某赔偿其各种损失，共计8万元。赵某认为与王某不存在雇佣关系，自己只是代表建筑队的全体工人与某建筑公司签订了一份集体合同。且王某的损失已由公司赔偿，自己不应承担赔偿责任。

【专家评析】

我国劳动合同法第51条规定："企业职工一方与用人单位通过平等协商，可以就劳动报酬、工作时间、休息休假、劳动安全卫生、保险福利等事项订立集体合同。集体合同草案应当提交职工代表大会或者全体职工讨论通过。集体合同由工会代表企业职工一方与用人单位订立；尚未建立工会的用人单位，由上级工会指导劳动者推举的代表与用人单位订立。"集体合同是指用人单位与本单位职工根据法律、法规、规章的规定，就劳动报酬、工作时间、休息休假、劳动安全卫生、职业培训、保险福利等事项，通过集体协商签订的书面协议。集体合同具有以下法律特征：(1)集体合同的主体具有特定性。集体合同的当事人一方是工会或者劳动者代表，另一方是用人单位。(2)订立集体合同的主要目的是使劳动者以群体的名义和力量，与用人单位展开谈判，从而达成有利于自己的协议，维护自己的合法劳动权益。(3) 集体合同的主要内容包括劳动报酬、工作时间和休息休假、劳动安全卫生、补充保险和福利等方面的内容。(4) 集体合同的作用是改善劳动关系，巩固劳动纪律，减少劳动纠纷，调动全体劳动者的积极性，提高劳动效率。(5) 集体合同的订立要遵循特定的程序，集体协商达成的合同草案必须经职工代表大会或全体职工讨论通过，由双方签字再报送劳动行政部门审查批准后方可生效。

本案中，赵某以某建筑队的名义与某建筑公司签订的用工合同显然不具有上述法律特征：该合同既不是由劳动者和用人单位各自选派的代表协商签订，也没有遵循订立集体合同的特定程序。因此，该合同不是劳动合同法所称的“集体合同”。其次，建筑队工人与某建筑公司之间虽然没有集体合同关系，但这并不意味着双方之间没有雇佣劳动关系。事实上，该合同是赵某代表建筑队工人与公司签订的一份不定期劳动合同。赵某以某建筑队的名义与公司签订用工合同，从表面上看是赵某承包工程之后，王某受赵某雇佣而从事工程施工，双方形成雇佣关系，但该合同对工人的管理、工资的分配与结算、福利待遇及工程结束的退场等都作了明确约定，所有工人的工资以及保险金、福利费等都是由工人直接从公司领取，至于另外的10%，是赵某的报酬，且也是从公司领取。从该合同的内容可以判断，双方所签订的“用工合同”实际上是赵某代表工人与公司之间形成雇佣合同关系的依据。赵某和王某之间不具有雇佣关系，王某在施工过程中所受伤害应由某建筑公司赔偿。由于某建筑公司已与赵某、王某达成赔偿协议，并进行了公证，该协议系双方真实意思表示，且不违反法律规定，具有法律效力。王某的损失已获赔偿，不能因同一损害事实再行主张权利，故应当裁定驳回其起诉。

【法条指引】

中华人民共和国劳动合同法

第五十一条 企业职工一方与用人单位通过平等协商，可以就劳动报酬、工作时间、休息休假、劳动安全卫生、保险福利等事项订立集体合同。集体合同草案应当提交职工代表大会或者全体职工讨论通过。

集体合同由工会代表企业职工一方与用人单位订立；尚未建立工会的用人单位，由上级工会指导劳动者推举的代表与用人单位订立。

▶ 20. 因公外出期间失踪是否属于因工死亡？

【宣讲要点】

职工因公外出期间或者在抢险救灾中失踪的，其亲属或者企业应当向企业所在地公安部门、劳动行政部门报告。劳动行政部门应当根据人民法院宣告死亡的结论认定因工死亡。职工因公外出期间失踪满 4 年的，或在抢险救灾中失踪后满 2 年的，可经人民法院宣告死亡之后认定工伤。

【典型案例】

石某系农村户口，初中毕业后到城里打工，应聘为某物资储运贸易公司的业务员。2009 年 12 月 5 日去外地为单位追收货款失踪，其间通过多方寻找仍无音讯。按有关法律程序，经其妻子申请，当地人民法院于 2011 年 10 月 22 日对石某作宣告死亡的终身判决。物资储运贸易公司认为石某应确定属于因工死亡并呈报社会保险行政部门确认。可该部门有关工作人员答复：由于追款而失踪不作为因工死亡处理。

【专家评析】

《工伤保险条例》第 14 条规定："职工有下列情形之一的，应当认定为工伤：……（五）因工外出期间，由于工作原因受到伤害或者发生事故下落不明的……"据此，职工出差失踪能否认定工伤或因工死亡必须具备三个条件：一是处在因公外出期；二是失踪前正在履行职务或任务；三是失踪的原因是由于事故造成的。这里的事故应当包括交通事故和其他意外事故，如自然灾害或者遭人绑架等。石某是在追收货款期间失踪的，符合因工负伤、死亡的前两个要件，但是第三个构成要件还不明确，因此能否申报工亡还需提供相应证据。

关于被宣告死亡的失踪人员，其亲属应享受哪些待遇的问题，也应分为因工死亡和非因工死亡两种情况。如果属于因工死亡，根据《工伤保险条例》第 41 条规定："职工因工外出期间发生事故或者在抢险救灾中下落不明的，从事故发生当月起 3 个月内照发工资，从第 4 个月起停发工资，由工伤保险基金向其供养亲属按月支付供养亲属抚恤金。生活有困难的，可以预支一次性工亡补助金的 50%。职工被人民法院宣告死亡的，按照本条例第三十九条职工因工死亡的规定处理。"其直系亲属可按照第 39 条的规定从工伤保险基金领取丧葬补助金、供养亲属抚恤金和一次性工亡补助金。当然，如果当地社保部门最终未能认定工伤死亡，单位也要考虑职工失踪的原因，对其亲属做好安置工作。

【法条指引】

工伤保险条例

第三十九条 职工因工死亡，其近亲属按照下列规定从工伤保险基金领取丧葬补助金、供养亲属抚恤金和一次性工亡补助金：

（一）丧葬补助金为 6 个月的统筹地区上年度职工月平均工资；

（二）供养亲属抚恤金按照职工本人工资的一定比例发给由因工死亡职工生前提供主要生活来源、无劳动能力的亲属。标准为：配偶每月 40%，其他亲属每人每月 30%，孤寡老人或者孤儿每人每月在上述标准的基础上增加 10%。核定的各供养亲属的抚恤金之和不应高于因工死亡职工生前的工资。供养亲属的具体范围由国务院社会保险行政部门规定；

（三）一次性工亡补助金标准为上一年度全国城镇居民人均可支配收入的 20 倍。

伤残职工在停工留薪期内因工伤导致死亡的，其近亲属享受本条第一款规定的待遇。

一级至四级伤残职工在停工留薪期满后死亡的，其近亲属可以享受本条第一款第（一）项、第（二）项规定的待遇。

第四十条 伤残津贴、供养亲属抚恤金、生活护理费由统筹地区社会保险行政部门根据职工平均工资和生活费用变化等情况适时调整。调整办法由省、自治区、直辖市人民政府规定。

第四十一条 职工因工外出期间发生事故或者在抢险救灾中下落不明的，从事故发生当月起3个月内照发工资，从第4个月起停发工资，由工伤保险基金向其供养亲属按月支付供养亲属抚恤金。生活有困难的，可以预支一次性工亡补助金的50%。职工被人民法院宣告死亡的，按照本条例第三十九条职工因工死亡的规定处理。

▶ 21. 农民工因工受伤，雇主和直接侵权人是否应当承担连带责任？

【宣讲要点】

农民工因工受伤，直接侵权人应当对受伤农民工承担侵权赔偿责任，雇主对于农民工的人身安全负有保护责任，农民工在为其工作中受到伤害，雇主亦应当承担赔偿责任。受伤农民工既可以基于第三人的侵权行为向其主张权利，也可以基于雇员同雇主之间的雇佣关系向雇主主张权利。直接侵权行为人是最终的责任承担者，雇主在履行了赔偿责任后，可以向直接侵权人追偿。

【典型案例】

2002年9月，农民工云某受雇在葛某的建筑队工地上干活。葛某租用范某的吊车施工，该吊车装有380伏的发电机作为动力装置，范某亲自操作吊车施工。某日，正在施工的民工发现吊车漏电立即通知范某。范某草草检查了一下，又重新开机施工。上午11时，云某在卸吊车吊上来的灰浆时，被电击倒昏迷，后经抢救无效死亡。云某的亲属向人民法院起诉，要求葛某与范某承担赔偿责任。

【专家评析】

本案应按民法理论上的不真正连带债务问题予以处理。所谓不真正连带债务，是指数个债务人基于不同的发生原因而对于同一债权人负有以同一给付为标的的数个债务，因一个债务人的履行而使全体债务均归于消灭。其特征如下：多数债务人基于不同的原因而对债权人负有不同的债务；债权人对数个债务人均享有分别的请求权；数个债务偶然联系在一起；数个债务人的给付内容基本上是相同的，且债务的清偿不分比例、数额，每个债务人均负有全部清偿的义务，一旦一个债务人清偿了全部债务，债权人的债权就得以全部实现，债权人无权再向其他债务人求偿；在多数情况下不真正连带债务有终局责任人。所谓终局责任人，是指最后真正承担债务责任的人。

本案中，范某作为直接侵权人应当承担侵权赔偿责任，同时葛某作为雇主对于雇员云某的人身安全负有保护责任，雇员在为其工作中受到伤害，雇主亦应承担赔偿责任。也就是说，雇主和侵权第三人都应承担责任。原告既可以基于范某的侵权行为向其主张权利，也可以基于雇员同雇主之间的雇佣关系向葛某主张权利，并且这两个请求权是分别独立的。雇主葛某及侵权第三人范某对雇员云某所负的赔偿债务的发生，既无共同行为，也无相互的某种约定，只是一种偶然的巧合。侵权第三人范某和雇主葛某向云某所负的债务，其内容是完全相同的，只要其中一人向云某履行了赔偿义务，云某就不能再向另一人求偿。范某作为直接的侵权行为人是最终的责任承担者，雇主葛某在履行了赔偿责任后，可以向直接侵权人范某追偿。通过以上分析可以看出，本案完全符合不真正连带债务的特征。因此，云某应以侵权第三人范某和雇主葛某为共同被告，由直接侵权人范某承担赔偿责任，雇主葛某应承担非终局的不真正连带债务。

【法条指引】

中华人民共和国侵权责任法

第十六条 侵害他人造成人身损害的，应当赔偿医疗费、护理费、交通费等为治疗和康复支出的合理费用，以及因误工减少的收入。造成残疾的，还应当赔偿残疾生活辅助具费和残疾赔偿金。造成死亡的，还应当赔偿丧葬费和死亡赔偿金。

▶ 22. 农民工因工致残后，不愿接受用人单位安排的工作而要求享受伤残津贴的，应当如何处理？

【宣讲要点】

劳动者在因工致残后，与用人单位的劳动关系并不因工伤事故的发生和劳动者部分丧失劳动能力而解除。劳动者在保留与用人单位劳动关系的情况下，享受工伤保险待遇。对农民工而言，劳动是一种权利，也是一种义务。因工致残的农民工应当按照用人单位的安排从事一些力所能及的工作。只有在用人单位难以安排工作的情况下，农民工才可以退出工作岗位，由用人单位按月发给伤残津贴。在因工致残的农民工的安置问题和待遇问题上，仅考虑农民工自身的意愿是不妥当的，应该兼顾农民工与用人单位双方的合法权益。

【典型案例】

贺某为某企业农民工，月工资为1000元。2011年11月，贺某因工受伤，住院治疗。治疗结束后，经鉴定为6级伤残。某企业为贺某申请了工伤认定。贺某被认定为工伤后，工伤保险基金经办机构按照《工伤保险条例》的规定，支付给贺某相当于其16个月工资（16000元）的一次性伤残补助金。某企业根据贺某身体健康状况，安排其在传达室工作，月工资为400元。贺某认为传达室工资较低，自己因工致残后又行动不便，要求退出工作岗位，享受伤残津贴。某企业不同意贺某的要求，双方因此而发生争议。贺某向当地劳动争议仲裁委员会申请仲裁。劳动争议仲裁委员会经审查后认为，贺某因工致残后，所在单位根据贺某的身体健康状况，安排其适当的工作，符合《工伤保险条例》的规定。贺某不服从所在单位安排，要求退出工作岗位，享受伤残津贴，理由不成立，不予支持。贺某不服裁决，向人民法院提起诉讼。

【专家评析】

劳动者在因工致残后，与用人单位的劳动关系并不因工伤事故的发生和劳动者部分丧失劳动能力而解除。劳动者在保留与用人单位劳动关系的情况下，享受工伤保险待遇。对农民工而言，劳动是一种权利，也是一种义务。因工致残的农民工应当按照用人单位的安排从事一些力所能及的工作。只有在用人单位难以安排工作的情况下，农民工才可以退出工作岗位，由用人单位按月发给伤残津贴。在因工致残的农民工的安置问题和待遇问题上，仅考虑农民工自身的意愿是不妥当的，应该兼顾农民工与用人单位双方的合法权益。

按照《工伤保险条例》的规定，在职工因工负伤并被鉴定为5级或6级伤残的情况下，由于职工只是部分丧失劳动能力，因此，应由用人单位为其安排适当的工作。对职工而言，劳动是一种权利，也是一种义务，因工致残的职工应当按照用人单位的安排从事一些力所能及的工作。只有在用人单位难以安排工作的情况下，职工才可以退出工作岗位，由用人单位按月发给伤残津贴。本案中，贺某在因工负伤并被鉴定为6级伤残后，用人单位为其安排了劳动强度较低的传达室工作，对贺某而言，是与其身体健康状况相符合的适当工作。贺某拒不接受单位安排的工作，坚持要求退出工作岗位，享受伤残津贴，是没有法律根据的，不应当支持。

另外，贺某不愿意接受用人单位重新安排的工作的原因主要是新的工作岗位工资较低。按照《工伤保险条例》的规定，贺某退出工作岗位后的伤残津贴为本人工资的60%（600元），而传达室工作的工资为400元，仅为贺某原工资的40%。从妥善解决劳动争议和保护劳动者合法权益的角度出发，应当由用人单位重新调整贺某的工作岗位后，在工资待遇上给予适当照顾，不能明显低于贺某在原工作岗位上的工作待遇。如果当事人双方就新的工作岗位及其工资待遇问题无法达成一致，贺某提出解除劳动合同，可以按照《工伤保险条例》的规定，解除劳动关系，由用人单位支付一次性工伤医疗补助金和伤残就业补助金。如果贺某不主张解除劳动合同，又不接受新的工作岗位，某企业可以按照有关规定和用人单位的规章制度进行处理。

【法条指引】

工伤保险条例

第三十六条　职工因工致残被鉴定为五级、六级伤残的，享受以下待遇：

（一）从工伤保险基金按伤残等级支付一次性伤残补助金，标准为：五级伤残为18个月的本人工资，六级伤残为16个月的本人工资；

（二）保留与用人单位的劳动关系，由用人单位安排适当工作。难以安排工作的，由用人单位按月发给伤残津贴，标准为：五级伤残为本人工资的70%，六级伤残为本人工资的60%，并由用人单位按照规定为其缴纳应缴纳的各项社会保险费。伤残津贴实际金额低于当地最低工资标准的，由用人单位补足差额。

经工伤职工本人提出，该职工可以与用人单位解除或者终止劳动关系，由工伤保险基金支付一次性工伤医疗补助金，由用人单位支付一次性伤残就业补助金。一次性工伤医疗补助金和一次性伤残就业补助金的具体标准由省、自治区、直辖市人民政府规定。

▶ 23. 职工因工伤残退出工作岗位后，用人单位能否以其被依法追究刑事责任为由，解除劳动关系并停发伤残津贴？

【宣讲要点】

职工在因工负伤致残后所享受的伤残津贴是其法定的权利，该权利是在劳动关系存续期间取得的，不因劳动者与用人单位解除劳动关系而丧失。劳动关系的存在并不是劳动者享受工伤保险待遇的前提条件。

【典型案例】

杨某为某企业合同制农民工。2009年，杨某在检修机器的过程中意外受伤，丧失劳动能力并被鉴定为6级伤残。由于某企业是重型工业企业，并且生产一线以外的工作岗位饱和，难以为杨某安排适当工作，后杨某退出工作岗位，由企业按月发给伤残津贴，双方保留了劳动关系。2004年年初，杨某因盗卖企业财产而被公安机关依法逮捕并移交检察机关提起公诉。经人民法院审理后，杨某被判处有期徒刑半年，缓刑1年。某企业对杨某作出了开除处理，解除了与杨某的劳动关系并停发伤残津贴。杨某不服，认为该企业的做法侵犯了自己的合法权益，向当地劳动争议仲裁委员会提请仲裁，请求撤销企业解除劳动关系的决定并恢复自己的工伤保险待遇。劳动争议仲裁委员会经审查后裁决：杨某因盗窃行为而被依法追究刑事责任，某企业对其作出开除处理，符合劳动法的规定，应当予以维持。杨某的请求理由不成立，不予支持。杨某不服裁决，向人民法院起诉。

【专家评析】

本案中，杨某已经被依法追究了刑事责任，同时也严重违反了用人单位的规章制度，某企业依据劳动法的规定，对杨某给予开除处分是正确的，人民法院对该处分决定应当予以维持。

杨某在因工负伤致残后所享受的伤残津贴是其法定的权利，该权利是在劳动关系存续期间取得的，不因劳动者与用人单位解除劳动关系而丧失。劳动关系的存在并不是劳动者享受工伤保险待遇的前提条件。我国劳动法规定职工因工负伤并丧失或部分丧失劳动能力的情况下，用人单位不得依据劳动法第26条、第27条解除劳动合同；《工伤保险条例》第33条、第34条、第35条均规定：职工因工负伤并被鉴定为1至10级伤残的情况下，与用人单位保留劳动关系。该规定的出发点是为了保护劳动者的劳动权利和其他合法权益，并不是将劳动关系的存在视为职工享受工伤保险待遇的前提条件，避免用人单位为逃避工伤保险责任而解除劳动关系的情况发生。即使经工伤职工本人提出，该职工与用人单位解除劳动关系或者劳动关系到期终止的情况下，用人单位仍然应当发给工伤职工一次性工伤医疗补助金和伤残就业补助金，并不能因为双方解除劳动关系而剥夺劳动者享受上述工伤保险待遇的权利。某企业在解除与杨某的劳动关系后，停发杨某的伤残津贴，侵犯了杨某依法应当享受的工伤保险待遇权利，应当予以纠正。

【法条指引】

工伤保险条例

第三十五条　职工因工致残被鉴定为一级至四级伤残的，保留劳动关系，退出工作岗位，享受以下待遇：

（一）从工伤保险基金按伤残等级支付一次性伤残补助金，标准为：一级伤残为27个月的本人工资，二级伤残为25个月的本人工资，三级伤残为23个月的本人工资，四级伤残为21个月的本人工资；

（二）从工伤保险基金按月支付伤残津贴，标准为：一级伤残为本人工资的90%，二级伤残为本人工资的85%，三级伤残为本人工资的80%，四级伤残为本人工资的75%。伤残津贴实际金额低于当地最低工资标准的，由工伤保险基金补足差额；

（三）工伤职工达到退休年龄并办理退休手续后，停发伤残津贴，按照国家有关规定享受基本养老保险待遇。基本养老保险待遇低于伤残津贴的，由工伤保险基金补足差额。

职工因工致残被鉴定为一级至四级伤残的，由用人单位和职工个人以伤残津贴为基数，缴纳基本医疗保险费。

第三十六条　职工因工致残被鉴定为五级、六级伤残的，享受以下待遇：

（一）从工伤保险基金按伤残等级支付一次性伤残补助金，标准为：五级伤残为18个月的本人工资，六级伤残为16个月的本人工资；

（二）保留与用人单位的劳动关系，由用人单位安排适当工作。难以安排工作的，由用人单位按月发给伤残津贴，标准为：五级伤残为本人工资的70%，六级伤残为本人工资的60%，并由用人单位按照规定为其缴纳应缴纳的各项社会保险费。伤残津贴实际金额低于当地最低工资标准的，由用人单位补足差额。

经工伤职工本人提出，该职工可以与用人单位解除或者终止劳动关系，由工伤保险基金支付一次性工伤医疗补助金，由用人单位支付一次性伤残就业补助金。一次性工伤医疗补助金和一次性伤残就业补助金的具体标准由省、自治区、直辖市人民政府规定。

第三十七条 职工因工致残被鉴定为七级至十级伤残的，享受以下待遇：

（一）从工伤保险基金按伤残等级支付一次性伤残补助金，标准为：七级伤残为13个月的本人工资，八级伤残为11个月的本人工资，九级伤残为9个月的本人工资，十级伤残为7个月的本人工资；

（二）劳动、聘用合同期满终止，或者职工本人提出解除劳动、聘用合同的，由工伤保险基金支付一次性工伤医疗补助金，由用人单位支付一次性伤残就业补助金。一次性工伤医疗补助金和一次性伤残就业补助金的具体标准由省、自治区、直辖市人民政府规定。

▶ 24. 工伤职工拒绝治疗被停止享受工伤保险待遇后又接受治疗的，能否继续享受工伤保险待遇？

【宣讲要点】

根据我国《工伤保险条例》规定，工伤职工有丧失享受待遇条件的、拒不接受劳动能力鉴定的、拒绝治疗的等其中之一的情形，职工停止享受工伤保险待遇。但在职工要求继续治疗的情形下，停止享受工伤保险待遇的条件消失，用人单位应当恢复其所享受的工伤待遇。

【典型案例】

农民工夏某于2003年10月在工作过程中受到事故伤害，被认定为工伤。后夏某停止工作，住院治疗。在治疗期间，夏某所在单位按照《工伤保险条例》的规定，按月发给夏某工资和其他福利待遇。2004 年 1 月，夏某开始拒绝治疗并坚持要求回家休养。在未经医院和所在单位同意的情况下，夏某擅自离院回家。夏某所在单位多次通知夏某回院治疗，夏某置之不理。2004 年 2 月，所在单位决定依照《工伤保险条例》的规定，停止发放夏某的工资和其他福利待遇。夏某被停发 1 月份工资后，找到所在单位，表示自己愿意回医院继续接受治疗，请求单位恢复自己的工伤保险待遇。所在单位以夏某已经丧失享受工伤保险待遇资格为由，拒绝了夏某的要求，并告知夏某自行承担医疗费用。夏某认为所在单位的做法侵犯了自己的合法权益，向当地劳动争议仲裁委员会提请仲裁。

【专家评析】

本案中，夏某因工负伤后暂停工作，接受治疗。在停工治疗期间，用人单位按月支付夏某的工资和其他福利待遇，符合《工伤保险条例》的规定，是值得肯定的。夏某因故拒绝接受治疗，在未经医院和所在单位同意的情况下，擅自离院回家。夏某所在单位多次通知夏某回院治疗，其均置之不理。在这种情况下，夏某所在单位停止发放夏某的工资和其他福利待遇，符合《工伤保险条例》的规定，是正确的。夏某被停发工资和其他福利待遇后，表示愿意接受治疗并请求恢复其工伤保险待遇。在这种情况下，所在单位拒绝恢复夏某的工伤保险待遇，是对《工伤保险条例》规定的曲解，违背了《工伤保险条例》的立法本意，应当予以纠正。因此，本案中夏某的请求应当支持，劳动争议仲裁委员会应依法裁决夏某所在单位在其重新接受治疗后，恢复夏某的工伤保险待遇，继续发放夏某停工治疗期间的工资和其他福利待遇。

【法条指引】

工伤保险条例

第三十三条　职工因工作遭受事故伤害或者患职业病需要暂停工

作接受工伤医疗的，在停工留薪期内，原工资福利待遇不变，由所在单位按月支付。

停工留薪期一般不超过12个月。伤情严重或者情况特殊，经设区的市级劳动能力鉴定委员会确认，可以适当延长，但延长不得超过12个月。工伤职工评定伤残等级后，停发原待遇，按照本章的有关规定享受伤残待遇。工伤职工在停工留薪期满后仍需治疗的，继续享受工伤医疗待遇。

生活不能自理的工伤职工在停工留薪期需要护理的，由所在单位负责。

第四十二条 工伤职工有下列情形之一的，停止享受工伤保险待遇：

（一）丧失享受待遇条件的；

（二）拒不接受劳动能力鉴定的；

（三）拒绝治疗的。

▶ 25. 工亡职工享有何种工伤保险待遇？

【宣讲要点】

工亡职工的工伤保险待遇由其近亲属享有，除工伤医疗费、住院伙食补助费、护理费及停工留薪期等工伤职工普遍享有的工伤保险待遇外，专门享有丧葬补助金、供养亲属抚恤金和一次性工亡补助金这三项工伤保险待遇。具体而言，丧葬补助金为6个月的统筹地区上年度职工月平均工资。供养亲属抚恤金按照职工本人工资的一定比例发给由因工死亡职工生前提供主要生活来源、无劳动能力的亲属，标准为配偶每月40%，其他亲属每人每月30%，孤寡老人或者孤儿每人每月在上述标准的基础上增加10%，核定的各供养亲属的抚恤金之和不应高于因工死亡职工生前的工资。一次性工亡补助金标准为上一年度全国城镇居民人均可支配收入的20倍。

【典型案例】

刘某于2008年10月起在某物业公司从事车辆管理员工作。某物业公司未为刘某缴纳工伤保险。2011年11月20日刘某身体出现不适，2011年11月21日经抢救无效死亡。2012年2月10日，社会保险行政部门作出工伤认定结论通知书，认定刘某的死亡为视同工伤。刘某的第一顺序法定继承人刘某之妻、刘某之子（12岁）及刘某之女（9岁）向某物业公司主张丧葬补助金、供养亲属抚恤金和一次性工亡补助金。物业公司表示刘某隐瞒肝硬化的病史入职工作，系因自身疾病严重而死亡，并非工亡事故，刘某自身应对此负有责任，不能享有工伤待遇。刘某之妻、之子及之女三人遂向当地劳动争议仲裁委申请仲裁。仲裁期间，当地劳动争议仲裁委员会委托社会保险基金管理中心进行审核，核准刘某的一次性工亡补助金、丧葬补助金，核准刘某之子和刘某之女自2011年12月起按月给付的供养亲属抚恤金。劳动争议仲裁委员会即按此标准裁决某物业公司支付丧葬补助金、供养亲属抚恤金和一次性工亡补助金。某物业公司不服该裁决，向人民法院提起诉讼。一审法院判决维持仲裁裁决。某物业公司不服该判决，提起上诉。二审法院判决驳回上诉，维持原判。

【专家评析】

《工伤保险条例》第39条第1款规定："职工因工死亡，其近亲属按照下列规定从工伤保险基金领取丧葬补助金、供养亲属抚恤金和一次性工亡补助金：（一）丧葬补助金为6个月的统筹地区上年度职工月平均工资；（二）供养亲属抚恤金按照职工本人工资的一定比例发给由因工死亡职工生前提供主要生活来源、无劳动能力的亲属。标准为：配偶每月40%，其他亲属每人每月30%，孤寡老人或者孤儿每人每月在上述标准的基础上增加10%。核定的各供养亲属的抚恤金之和不应高于因工死亡职工生前的工资。供养亲属的具体范围由国务院社会保险行政部门规定；（三）一次性工亡补助金标准为上一年度全国城镇居民人均可支配收入的20倍。"第39条第2款规定："伤残职工在停工留薪期内因工伤导致死亡的，其近亲属享受本条第一款规定的待遇。”第39条第3款规定：“一级至四级伤残职工在停工留薪期满后死亡的，其近亲属可以享受本条第一款第（一）项、第（二）项规定的待遇。”本案中，劳动行政部门认定刘某为视同工伤，某物业公司未就该工伤认定结论提出异议，故现其否认刘某并非属于工亡事故，缺乏事实依据。刘某之妻、之子及之女三人，作为刘某的第一顺序法定继承人，应享有刘某的工伤保险待遇，即丧葬补助金、供养亲属抚恤金和一次性工亡补助金。同时，根据法律规定的上述三项工伤保险待遇的标准，由社会保险基金管理中心进行审核。由于某物业公司未为刘某缴纳工伤保险，故某物业公司应按照审核结果进行支付上述三项工伤保险待遇。

【法条指引】

工伤保险条例

第三十九条 职工因工死亡，其近亲属按照下列规定从工伤保险基金领取丧葬补助金、供养亲属抚恤金和一次性工亡补助金：

（一）丧葬补助金为6个月的统筹地区上年度职工月平均工资；

（二）供养亲属抚恤金按照职工本人工资的一定比例发给由因工死亡职工生前提供主要生活来源、无劳动能力的亲属。标准为：配偶每月40%，其他亲属每人每月30%，孤寡老人或者孤儿每人每月在上述标准的基础上增加10%。核定的各供养亲属的抚恤金之和不应高于因工死亡职工生前的工资。供养亲属的具体范围由国务院社会保险行政部门规定；

（三）一次性工亡补助金标准为上一年度全国城镇居民人均可支配收入的20倍。

伤残职工在停工留薪期内因工伤导致死亡的，其近亲属享受本条第一款规定的待遇。

一级至四级伤残职工在停工留薪期满后死亡的，其近亲属可以享受本条第一款第（一）项、第（二）项规定的待遇。

▶ 26. 企业劳动条件恶劣造成农民工职业病是否要承担责任?

【宣讲要点】

职业病是指劳动者在生产劳动及其他职业活动中，接触职业性有害因素引起的疾病。用人单位应提供安全的生产环境，以保证劳动者的身体健康。

【典型案例】

某机械厂空压机房安装了两台较大功率的空压机昼夜运转，厂房低矮狭窄，厂房内昼夜机器声轰鸣，震耳欲聋，但厂方长期强调经济效益差，缺乏资金，一直不安装消音装置，也不建造隔音休息室。钟某等3名农民工就长期在这种强烈的噪音环境下工作。厂房内的噪音已大大超过人们所能承受的最高限度。钟某等3名工人到空压机房工作前均身强力壮，但连续工作两年多以后，均出现不同程度的心跳过速。其中钟某已发展到心律不齐，经医院诊断已有明显的心脏病症状，钟某本人及其父母均无心脏病史，该厂规定，职工门诊治疗实行医疗费包干，超过固定额度不补。故钟某要求按职业病报销医药费100%，要求享受职业病待遇。双方发生争议，钟某申诉到当地劳动争议仲裁委员会。

【专家评析】

根据本案的情况，农民工钟某的疾病确实属于因工作环境恶劣导致职业病。根据我国劳动法等相关法律规定：用人单位必须为劳动者提供符合国家规定的劳动安全和必要的劳动防护用品，对从事有职业危害的劳动者应当定期进行健康检查。发生强噪音的生产，应该尽可能在设有消音设备的单独工作房中进行。某机械厂的做法违反了国家法律法规的规定，对此导致危害职工健康的后果应该负完全责任。仲裁委员会应当作出有利于钟某的裁决。

【法条指引】

中华人民共和国劳动法

第五十四条 用人单位必须为劳动者提供符合国家规定的劳动安全卫生条件和必要的劳动防护用品，对从事有职业危害作业的劳动者应当定期进行健康检查。

▶ 27. 用人单位不当解除劳动关系，应当如何支付经济补偿金？

【宣讲要点】

用人单位违反法律规定解除或者终止劳动合同，劳动者要求继续履行劳动合同的，用人单位应当继续履行；劳动者不要求继续履行劳动合同或者劳动合同已经不能继续履行的，用人单位应当依照相关法律规定支付赔偿金。

【典型案例】

农民工方某于2012年9月到某公司工作，签订了为期一年的劳动合同，负责小区环卫工作。2013年5月15日，方某因工作问题与小区居民发生争论。2013年7月18日，某公司以方某工作不认真、消极怠工、因工作质量不合格被投诉且经教育不悔改为由作出《关于对方某严重违反公司规定的处理决定》，解除与方某的劳动关系。7月28日，方某向劳动争议仲裁委员会申请仲裁，以某公司在未查明事实、分清责任的情况下，单方解除与其的劳动合同显属错误为由，要求某公司向其支付相当于2个月工资的经济补偿金。某公司认为，方某在公司从事环卫工作，其与小区居民发生冲突，影响了公司的管理，不同意方某的仲裁请求。公司依据劳动合同法的规定与方某解除劳动合同并无不当。

【专家评析】

为了保障用人单位维持内部秩序和实现经营目标的需要，各国劳动法通常都肯定用人单位有权对劳动者严重违反用人单位内部规章、劳动纪律的行为可予以辞退惩处。我国劳动合同法第39条规定："劳动者有下列情形之一的，用人单位可以解除劳动合同：……（二）严重违反用人单位的规章制度的……"实践中，用人单位以此辞退劳动者引起的纠纷也不在少数，甚至有些用人单位是以此来掩盖其辞退劳动者的其他理由。从保护劳动者权益的原则出发，要严格限定惩戒解除权的行使限度。要限定用人单位的惩戒解除权必须要考察其规章制度和劳动纪律的合理性及因此解除的程序是否正当等因素。对此可以依据以下规则来确定：若双方已明确约定的，按照约定进行；若双方没有明确约定用人单位可以惩戒解除的具体情形的，应当根据劳动者违反特定用人单位的规章或劳动纪律的行为是否已构成对实现劳动关系目的的威胁来认定。至于判断双方是否有明确的约定的问题，经常会发生以下两种情形：一是用人单位未将其已经存在的规章或劳动纪律对新进入单位的劳动者进行公示或者告知的情形；二是劳动者对用人单位公示或告知的规章或劳动纪律有异议的情形。对此，应当分清该规章或劳动纪律的内容是否苛刻，而不应当简单地依据是否公示或告知，以及劳动者是否有异议等来认定其效力。一般情况下，若上述规章、劳动纪律的内容规定的是基本的劳动行为准则（比如不得多次旷工、遵守劳动的基本安全规则等），即使用人单位未进行告知或者劳动者有异议的，也应对劳动者具有约束力；若上述内容规定属用人单位特殊需要而确立的行为准则的，除非用人单位能够证明属于行业惯例且劳动者已熟知外，用人单位必须告知劳动者并经其同意，否则不具约束力。此外，为了防止用人单位滥用惩戒解除权，用人单位据此解除劳动关系的，应当经过一定的评价程序并给予劳动者一定的辩解机会，否则该解除可以认定为不当解除。本案中，某公司从事卫生服务工作，该公司营运目标的实现很大程度上受到对其所进行卫生工作质量上的评价，因此，若方某因自身工作不认真尽责而导致社区居民的多次投诉，且经教育后仍不悔改的，某公司可以据此解除与方某的劳动关系。方某与社区居民仅有一次争论尚不能说明其已构成对实现劳动关系的目的有关键的影响，在此情形下，某公司应当对方某进行相应的思想教育并给其时间进行改正。但某公司并未采取事先教育而是以方某违反公司规定为由直接将其辞退，确属不妥。

经济补偿金就其性质而言实际上是一种对不同利益需求进行平衡的产物，是用人单位因其正当分散经营风险而给社会带来外部成本后所需要承担的一种社会性“代价”，且根据用人单位行为的外部性的程度不同来确定该代价的大小。其目的在于试图通过支付劳动者一定的经济补偿以保障其被解除劳动关系后的生活需要，进而预先缓解因劳动者被解除劳动关系后对社会稳定所可能造成的压力。对用人单位应当给付经济补偿金的标准，我国劳动合同法在第47条第1、2款针对用人单位正当解除、裁减人员、双方协商解除劳动合同的情形有所规定：“经济补偿按劳动者在本单位工作的年限，每满一年支付一个月工资的标准向劳动者支付。六个月以上不满一年的，按一年计算；不满六个月的，向劳动者支付半个月工资的经济补偿。”“劳动者月工资高于用人单位所在直辖市、设区的市级人民政府公布的本地区上年度职工月平均工资三倍的，向其支付经济补偿的标准按职工月平均工资三倍的数额支付，向其支付经济补偿的年限最高不超过十二年。”该条第3款还规定：“本条所称月工资是指劳动者在劳动合同解除或者终止前十二个月的平均工资。”该法第48条规定：“用人单位违反本法规定解除或者终止劳动合同，劳动者要求继续履行劳动合同的，用人单位应当继续履行；劳动者不要求继续履行劳动合同或者劳动合同已经不能继续履行的，用人单位应当依照本法第八十七条规定支付赔偿金。”该法第87条规定：“用人单位违反本法规定解除或者终止劳动合同的，应当依照本法第四十七条规定的经济补偿标准的二倍向劳动者支付赔偿金。”方某到某公司工作6个月以上不满1年，应按1年计算。在方某不要求继续履行劳动合同的情况下，某公司应当按方某两个月的工资标准向其给付经济补偿金。

【法条指引】

中华人民共和国劳动合同法

第四十七条　经济补偿按劳动者在本单位工作的年限，每满一年支付一个月工资的标准向劳动者支付。六个月以上不满一年的，按一年计算；不满六个月的，向劳动者支付半个月工资的经济补偿。

劳动者月工资高于用人单位所在直辖市、设区的市级人民政府公布的本地区上年度职工月平均工资三倍的，向其支付经济补偿的标准按职工月平均工资三倍的数额支付，向其支付经济补偿的年限最高不超过十二年。

本条所称月工资是指劳动者在劳动合同解除或者终止前十二个月的平均工资。

第四十八条　用人单位违反本法规定解除或者终止劳动合同，劳动者要求继续履行劳动合同的，用人单位应当继续履行；劳动者不要求继续履行劳动合同或者劳动合同已经不能继续履行的，用人单位应当依照本法第八十七条规定支付赔偿金。

第八十七条　用人单位违反本法规定解除或者终止劳动合同的，应当依照本法第四十七条规定的经济补偿标准的二倍向劳动者支付赔偿金。

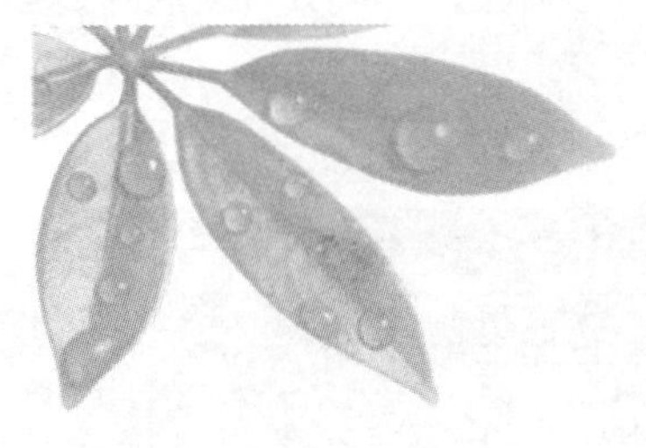

第五章 女性农民工的特殊保护

▶ 1. 单位能否以女性农民工怀孕为由终止劳动合同?

【宣讲要点】

孕期是指女职工从怀孕到分娩的整个期间。产期为 90 天，其中产前 15 天，难产的增加 15 天，多胞胎生育的，每多生育一个婴儿，增加产期 15 天。女职工在孕期、产期、哺乳期的，用人单位不得解除劳动合同。

【典型案例】

农民工郑某与某百货公司于 2009 年签订了 5 年期限的劳动合同，在某百货公司当营业员。合同期限为 2009 年 5 月到 2014 年 5 月。签订劳动合同之前，某百货公司在合同中拟定了各项条款，其中一条规定："如果郑某怀孕则双方签订的劳动合同将自行终止。"2013 年 7 月，郑某结婚一年后怀孕，因为惧怕被解除劳动合同，郑某谎称病假在家休息，但还是接到了某百货公司的通知，通知中声称通过了解核定，确认郑某已经怀孕，不再适合在某百货公司当营业员，根据劳动合同的约定，郑某与某百货公司的劳动合同终止。接到通知后，郑某多次与某百货公司领导交涉，希望能够回公司继续工作，但均无结果。郑某遂向当地劳动争议仲裁委员会提起申诉，要求继续工作。

【专家评析】

劳动合同法第44条规定："有下列情形之一的，劳动合同终止：（一）劳动合同期满的；（二）劳动者开始依法享受基本养老保险待遇的；（三）劳动者死亡，或者被人民法院宣告死亡或者宣告失踪的；（四）用人单位被依法宣告破产的；（五）用人单位被吊销营业执照、责令关闭、撤销或者用人单位决定提前解散的；（六）法律、行政法规规定的其他情形。"这是劳动合同自然终止的六种情形。但是，用人单位不能将法律禁止其解除与劳动者劳动合同的约定为劳动合同的终止条件。劳动合同法第42条规定："劳动者有下列情形之一的，用人单位不得依照本法第四十条、第四十一条的规定解除劳动合同：（一）从事接触职业病危害作业的劳动者未进行离岗前职业健康检查，或者疑似职业病病人在诊断或者医学观察期间的；（二）在本单位患职业病或者因工负伤并被确认丧失或者部分丧失劳动能力的；（三）患病或者非因工负伤，在规定的医疗期内的；（四）女职工在孕期、产期、哺乳期的；（五）在本单位连续工作满十五年，且距法定退休年龄不足五年的；（六）法律、行政法规规定的其他情形。"因此，用人单位在与劳动者签订劳动合同时，不得将以上六个方面的内容约定为劳动合同的解除条件。孕期是指女职工从怀孕到分娩的整个期间。产期为90天，其中产前15天，难产的增加15天，多胞胎生育的，每多生育一个婴儿，增加产期15天。哺乳期指产期结束后到婴儿一周岁的期间。女职工应当按照规定产前休假15天，产后休假75天，不能提前也不能推后。因此，劳动争议仲裁委员会应当支持郑某的仲裁请求，依法撤销某百货公司单方面与郑某解除劳动合同的决定。

【法条指引】

中华人民共和国劳动合同法

第四十二条 劳动者有下列情形之一的，用人单位不得依照本法第四十条、第四十一条的规定解除劳动合同：

（一）从事接触职业病危害作业的劳动者未进行离岗前职业健康检查，或者疑似职业病病人在诊断或者医学观察期间的；

（二）在本单位患职业病或者因工负伤并被确认丧失或者部分丧失劳动能力的；

（三）患病或者非因工负伤，在规定的医疗期内的；

（四）女职工在孕期、产期、哺乳期的；

（五）在本单位连续工作满十五年，且距法定退休年龄不足五年的；

（六）法律、行政法规规定的其他情形。

第四十四条 有下列情形之一的，劳动合同终止：

（一）劳动合同期满的；

（二）劳动者开始依法享受基本养老保险待遇的；

（三）劳动者死亡，或者被人民法院宣告死亡或者宣告失踪的；

（四）用人单位被依法宣告破产的；

（五）用人单位被吊销营业执照、责令关闭、撤销或者用人单位决定提前解散的；

（六）法律、行政法规规定的其他情形。

▶ 2. 女性农民工哺乳期内能解除劳动关系吗？

【宣讲要点】

劳动者在医疗期、孕期、产期、哺乳期内，劳动合同期限届满时，用人单位不得终止劳动合同。劳动合同的期限应自动延续至医疗期、孕期、产期、哺乳期满为止。

【典型案例】

农村女青年黄某初中毕业后到某县建材公司工作，2008 年 3 月，双方按年度签订用工合同，黄某每月工资 312 元。两年后合同期满，双方虽未续订劳动合同，但黄某仍从事原工作。2013 年 1 月黄某工资增至每月 500 元。同年 5 月 9 日黄某怀孕生产，同年 9 月 1 日产假满后上班。同年 11 月 2 日建材公司书面通知黄某从 2013 年 11 月 1 日起不再续用。同年 12 月黄某向当地劳动争议仲裁委员会提起仲裁。仲裁委员会作出裁决后，黄某不服提起诉讼，请求认定建材公司解除劳动关系非法；要求支付工资，报销未予报销的医疗费和赔偿经济损失。一审法院经审理判决黄某与建筑公司的劳动关系于 2014 年 5 月 31 日解除，并对工资、医疗费、补偿金等作了处理。黄某不服，提出上诉。二审法院作出判决，原告与被告劳动关系于 2014 年 5 月 31 日解除，被告支付原告黄某 2013 年 11 月至 2014 年 5 月期间的工资 2800 元，2012 年、2013 年医疗费 7018.06 元，解除劳动关系经济补偿金 3599 元及 50% 额外经济补偿金 1750 元，共计 15068.06 元。

【专家评析】

作为劳动法律法规特殊保护对象的女职工，法律法规均有女职工在“三期”内，不得解除劳动合同或劳动关系的强制性规定。劳动合同法第 42 条规定，劳动者有下列情形之一的，用人单位不得依据本法第四十条、第四十一条的规定解除劳动合同：……（四）女职工在孕期、产期、哺乳期内的。第 45 条规定，劳动合同期满，有本法第四十二条规定情形之一的，劳动合同应当续延至相应的情形消失时终止。

本案中，建材公司作出解除劳动关系决定时，黄某正处在哺乳期内，人民法院对建材公司在黄某哺乳期未满的情况下作出的解除与黄某的劳动关系的决定予以否定，并判决其延续至黄某哺乳期满时是正确的。建材公司与黄某劳动合同的期限应自动延续至其哺乳期满为止。

【法条指引】

中华人民共和国劳动合同法

第四十二条　劳动者有下列情形之一的，用人单位不得依照本法第四十条、第四十一条的规定解除劳动合同：

（一）从事接触职业病危害作业的劳动者未进行离岗前职业健康检查，或者疑似职业病病人在诊断或者医学观察期间的；

（二）在本单位患职业病或者因工负伤并被确认丧失或者部分丧失劳动能力的；

（三）患病或者非因工负伤，在规定的医疗期内的；

（四）女职工在孕期、产期、哺乳期的；

（五）在本单位连续工作满十五年，且距法定退休年龄不足五年的；

（六）法律、行政法规规定的其他情形。

第四十五条 劳动合同期满，有本法第四十二条规定情形之一的，劳动合同应当续延至相应的情形消失时终止。但是，本法第四十二条第二项规定丧失或者部分丧失劳动能力劳动者的劳动合同的终止，按照国家有关工伤保险的规定执行。

关于贯彻执行《中华人民共和国劳动法》若干问题的意见

34. 除劳动法第二十五条规定的情形外，劳动者在医疗期、孕期、产期和哺乳期内，劳动合同期限届满时，用人单位不得终止劳动合同。劳动合同的期限应自动延续至医疗期、孕期、产期和哺乳期期满为止。

▶ 3. 女职工哺乳期内，用人单位能否停发工资？

【宣讲要点】

用工单位自用工之日起到劳动者离职之日止，必须严格按照劳动法的规定向劳动者支付报酬。如果用工单位恶意拖欠或以各种理由克扣工资的，劳动者可以向当地的有关部门举报。根据我国有关法律规定，用人单位不得在女职工怀孕期、产期、哺乳期降低其基本工资，或者解除劳动合同。

【典型案例】

2008年年初，农民工宋某与某机械厂签订了劳动合同。2010年元旦宋某结婚，次年1月11日剖腹产，生有一女。产后假期至4月28日期满，由于剖腹产时手术有后遗症，身体虚弱，宋某于4月28日向厂工会提出休哺乳假1年的报告，工会签字同意，并于当日下午报厂长孙某，孙某也签字表示同意宋某休哺乳假，工资按宋某月工资的80%发给，2011年5月17日，机械厂主管集团下发文件规定，本系统女职工凡请哺乳假的，要从6月1日上班，如想继续休完，工资不发，只发给100元生活费。6月16日，宋某领工资时只有生活费一项100元，其余工资全部被扣发。宋某不服向当地劳动争议仲裁委员会申诉要求补发工资。仲裁委员会支持了宋某的要求。

【专家评析】

女职工的“三期”指孕期、产期、哺乳期，是女职工因妊娠、生育、抚育婴儿所处的特殊生理时期。上述期间，基于特殊的身体状况，女职工往往无法正常地提供劳动，而导致劳动权益得不到保障的情况时常发生。司法实践中，怀孕女职工因岗位和工资待遇产生的争议，是涉及女职工权益案件中较为常见的一类。法律规定用人单位与劳动者只有通过协商一致采用书面形式才能变更劳动合同中约定的工作岗位和工资标准。但部分用人单位在女职工怀孕后便单方变更其工作岗位，并减少女职工的工资报酬，甚至以此逼迫女职工主动辞职，上述做法显然欠妥。此外需要指出的是，如果是因为女职工确实不能胜任原工作岗位，而进行相应的岗位调整和工资报酬变更，则需要有完备的管理制度作为支撑，否则用人单位可能会承担相应的法律风险。

《女职工劳动保护特别规定》第5条规定：“用人单位不得因女职工怀孕、生育、哺乳降低其工资、予以辞退、与其解除劳动或者聘用合同。”而宋某所在省人民政府公布实施的《关于〈女职工劳动保护规定〉实施办法》第9条规定：“女职工产假90天期满后，上班确有困难的经本人申请，单位批准，可请哺乳假半年至一年。请假期间，单位发给不低于本人标准工资75%的工资，工龄连续计算。”本案中，申诉人宋某产假期满后，因生产时剖腹留有后遗症，经本人申请，单位领导同意休哺乳假1年并发80%工资。后仅凭主管集团文件就擅自取消正常休哺乳假女职工的工资待遇，有违上述地方规章，应予纠正。

【法条指引】

女职工劳动保护特别规定

第五条 用人单位不得因女职工怀孕、生育、哺乳降低其工资、予以辞退、与其解除劳动或者聘用合同。

▶ 4. 用人单位能否规定女职工怀孕劳动合同自行解除?

【宣讲要点】

女职工在怀孕期、产期、哺乳期用人单位不得解除劳动合同。任何单位不得以结婚、产假、哺乳等为由，辞退女职工或者单方解除劳动合同。

【典型案例】

2012年4月，农村女青年章某应聘到某大酒店二楼大餐厅任服务员，双方签订有效期5年的劳动合同。2014年4月16日，章某在当地某医院妇科进行产前检查，医生根据章某身体状况，建议单位减轻劳动强度，调整做较轻的工作。次日，章某到公司总经理办公室，出示医院证明，要求总经理同意安排较轻工作，总经理当场拒绝，并告知章某双方签订的劳动合同规定：劳动者必须无条件遵守《员工手册》。而《员工手册》第8条规定：女服务员怀孕时，劳动合同自行解除。第三天酒店人事部门正式公告，解除与章某的合同。章某不服，向当地劳动争议仲裁委员会提出申诉，要求继续履行原劳动合同，安排其他劳动和给予相应待遇。仲裁委员会支持了章某的请求。

【专家评析】

女职工在怀孕、生育、哺乳期间，在无明显过错的情形下，用人单位不得因其处于上述“三期”期间而与其解除劳动关系。如用人单位违反与处于“三期”女职工解除劳动合同的，女职工可择以下两种途径之一维护自身权益：一为不同意解除劳动合同，要求双方继续履行劳动合同；二为不主张双方劳动关系继续存续，但要求用人单位支付违法解除劳动合同赔偿金。司法实践中，涉女职工权益类案件中最为常见的一类便是用人单位以女职工怀孕为由，单方提出解除劳动关系，严重侵害女职工的合法权益。在此情况下，法律对此作出特殊保护性规定，用人单位应当给予足够的重视。我国劳动法第29条第3项规定，女职工在怀孕期、产期、哺乳期不得解除劳动合同。妇女权益保障法第26条规定，任何单位不得以结婚、产假、哺乳等为由，辞退女职工或者单方解除劳动合同。《女职工劳动保护特别规定》第5条规定，用人单位不得因女职工怀孕、生育、哺乳，降低其工资、予以辞退、与其解除劳动或者聘用合同。本案中，章某作为女职工，在怀孕期间，用人单位单方解除劳动合同，没有法律依据。至于酒店《员工手册》明显与劳动法相违背，应当宣布无效。此外，根据《女职工劳动保护特别规定》第6条规定，女职工在孕期不能适应原劳动的，用人单位应当根据医疗机构的证明，予以减轻劳动量或者安排其他能够适应的劳动。章某怀孕已6个月，显然不再适合酒店大餐厅的工作，要求另行安排其他适当劳动，是合理要求，应当得到支持。

【法条指引】

中华人民共和国劳动法

第二十九条 劳动者有下列情形之一的，用人单位不得依据本法第二十六条、第二十七条的规定解除劳动合同：

（一）患职业病或者因工负伤并被确认丧失或者部分丧失劳动能力的；

（二）患病或者负伤，在规定的医疗期内的；

（三）女职工在孕期、产期、哺乳期内的；

（四）法律、行政法规规定的其他情形。

女职工劳动保护特别规定

第五条 用人单位不得因女职工怀孕、生育、哺乳降低其工资、予以辞退、与其解除劳动或者聘用合同。

第六条 女职工在孕期不能适应原劳动的，用人单位应当根据医疗机构的证明，予以减轻劳动量或者安排其他能够适应的劳动。

对怀孕7个月以上的女职工，用人单位不得延长劳动时间或者安排夜班劳动，并应当在劳动时间内安排一定的休息时间。

怀孕女职工在劳动时间内进行产前检查，所需时间计入劳动时间。

▶ 5. 女职工怀孕流产后是否应当享受产假待遇？

【宣讲要点】

女职工怀孕流产的，所在单位应当给予一定时间的产假。其中，女职工怀孕未满4个月流产的，享受15天产假；怀孕满4个月流产的，享受42天产假。产假期间工资照发。

【典型案例】

农村女青年宋某于2012年高中毕业后，被县城某企业聘用，双方签订了为期5年的劳动合同。2014年，宋某结婚，婚后不久即怀孕。2014年8月，宋某在家休息期间，因下楼时不小心跌倒，导致流产。宋某在当地医院做了引产手术后，持医院证明到单位请假。单位负责人称：现在正是订单高峰期，人手紧缺，而宋某又不是正常生产，应坚持工作，不同意给予宋某产假。双方因此而发生争议，宋某赌气不到单位上班。单位扣发了宋某8月份的工资，并通知宋某：如再不到单位上班，将按旷工处理。宋某向当地劳动争议仲裁委员会提请仲裁。

【专家评析】

本案主要涉及女职工怀孕流产后的特殊保护问题。按照医学要求，妇女生育后需要一段时间休养以恢复体力。因此，劳动法规定：女职工生育享受不少于90天的产假。劳动法的规定体现了对生育女职工的特殊保护。但生育是一件具有一定风险的事情。在女职工怀孕期间，由于种种原因，经常会发生流产的情况。流产使妇女的生育以失败告终。在这种情况下，如果坚持女职工流产后就丧失了享受产假的权利，对女职工是十分不利的。因为流产对妇女的身体造成了严重的损害，对女职工心理上的负面影响也是非常大的。在这种情况下，为了使女职工恢复身心健康，应当根据具体情况给予女职工一定时间的产假。因此，根据《女职工劳动保护特别规定》第7条的规定，应给予宋某相应的假期。

【法条指引】

中华人民共和国劳动法

第六十二条　女职工生育享受不少于九十天的产假。

女职工劳动保护特别规定

第七条　女职工生育享受98天产假，其中产前可以休假15天；难产的，增加产假15天；生育多胞胎的，每多生育1个婴儿，增加产假15天。

女职工怀孕未满4个月流产的，享受15天产假；怀孕满4个月流产的，享受42天产假。

第八条　女职工产假期间的生育津贴，对已经参加生育保险的，按照用人单位上年度职工月平均工资的标准由生育保险基金支付；对未参加生育保险的，按照女职工产假前工资的标准由用人单位支付。

女职工生育或者流产的医疗费用，按照生育保险规定的项目和标准，对已经参加生育保险的，由生育保险基金支付；对未参加生育保险的，由用人单位支付。

▶ 6. 解除劳动合同后才知道已怀孕怎么办?

【宣讲要点】

女职工的权益受特殊保护。根据我国劳动法及劳动合同法的有关规定，女职工只要是在在职期间怀孕，是在合同存续期间怀孕，就可以适用劳动法的有关规定，用人单位不得与其解除劳动合同。

【典型案例】

农村姑娘苏某应聘到某服装工厂做合同工，半年后，服装厂发现苏某不能胜任本职工作，于是给她调换了一个新的工作岗位。一段时间后，服装厂发现苏某在新的工作岗位上仍然不能胜任工作。于是，服装厂以苏某不能胜任工作，经过调整工作岗位后，仍不能胜任工作为理由，作出了与其解除劳动合同的决定。自决定宣布之日起，与苏某的劳动合同就彻底解除。半个月后，苏某到医院看病时，意外地发现自己已于半个月前怀了孕，她听说劳动法规定单位不能与怀孕的职工解除劳动合同。于是，她找到服装厂领导，要求厂方撤销解除劳动合同的规定，但服装厂坚决不同意。双方由此发生了纠纷。

【专家评析】

劳动法第 26 条规定:“有下列情形之一的，用人单位可以解除劳动合同，但是应当提前三十日以书面形式通知劳动者本人:……（二）劳动者不能胜任工作，经过培训或者调整工作岗位，仍不能胜任工作的……”第 29 条规定:“劳动者有下列情形之一的，用人单位不得依据本法第二十六条、第二十七条的规定解除劳动合同:……（三）女职工在孕期、产期、哺乳期内的……”由此可见，职工在怀孕期间即使不能胜任工作，经过调整工作岗位仍不能胜任的，用人单位也不得解除劳动合同。本案中，依据劳动法规定，女职工在孕期，用人单位不能以不胜任工作为理由解除合同。那么，尽管苏某被解除合同时，没有发现自己已怀孕，但只要事后有充分的证据证明其怀孕是在解除合同之前，服装厂解除合同的决定就不符合法律规定。服装厂应核实苏某是否在解除劳动合同前怀孕，如是就应撤销解除劳动合同决定，恢复双方的劳动关系。

【法条指引】

中华人民共和国劳动法

第二十六条　有下列情形之一的，用人单位可以解除劳动合同，但是应当提前三十日以书面形式通知劳动者本人：

（一）劳动者患病或者非因工负伤，医疗期满后，不能从事原工作也不能从事由用人单位另行安排的工作的；

（二）劳动者不能胜任工作，经过培训或者调整工作岗位，仍不能胜任工作的；

（三）劳动合同订立时所依据的客观情况发生重大变化，致使原劳动合同无法履行，经当事人协商不能就变更劳动合同达成协议的。

第二十九条　劳动者有下列情形之一的，用人单位不得依据本法第二十六条、第二十七条的规定解除劳动合同：

（一）患职业病或者因工负伤并被确认丧失或者部分丧失劳动能力的；

（二）患病或者负伤，在规定的医疗期内的；

（三）女职工在孕期、产期、哺乳期内的；

（四）法律、行政法规规定的其他情形。

中华人民共和国劳动合同法

第四十二条　劳动者有下列情形之一的，用人单位不得依照本法第四十条、第四十一条的规定解除劳动合同：

（一）从事接触职业病危害作业的劳动者未进行离岗前职业健康检查，或者疑似职业病病人在诊断或者医学观察期间的；

（二）在本单位患职业病或者因工负伤并被确认丧失或者部分丧失劳动能力的；

（三）患病或者非因工负伤，在规定的医疗期内的；

（四）女职工在孕期、产期、哺乳期的；

（五）在本单位连续工作满十五年，且距法定退休年龄不足五年的；

（六）法律、行政法规规定的其他情形。

▶7. 怀孕女职工在劳动时间内进行产前检查，所需时间计入劳动时间吗？

【宣讲要点】

产前检查，是怀孕女职工随着孕周的变化，需要接受的各项例行检查。考虑到怀孕女职工定期产检可能影响到正常的劳动时间，进而可能导致工资待遇、劳动关系的稳定等合法权益事项受到侵害，法律赋予女职工产检期间以特别保护。《女职工劳动保护特别规定》第6条第3款规定："怀孕女职工在劳动时间内进行产前检查，所需时间计入劳动时间。"即女职工产检期间虽未向用人单位提供劳动，但用人单位应当按照正常工资标准向女职工发放产检期间的工资，即女职工产前检查应按出勤对待，不能按病假、事假、旷工处理；对在生产第一线的女职工，要相应地减少生产定额，以保证产前检查时间。

【典型案例】

陈某是甲公司下辖门市店面的收银员，怀孕后因为定期要到医院进行产前检查，陈某每隔一段时间就要向公司请一次假。后陈某发现，每月打到其工资卡中的工资数额比以往降低了近1000元，陈某向公司财务部门咨询后发现，其产检期间均按照病假处理，工资亦相应地按照病假工资发放。因其病假天数超过公司规定，故每月工资组成中的奖金予以扣发。陈某向公司领导反映此事，却被告知公司长期以来奉行该薪酬制度，若不服从公司制度管理，公司有权将其辞退。陈某经过考虑，以要求甲公司支付工资差额为由，提起仲裁程序。仲裁裁决甲公司应当按照陈某的工资标准补足工资差额，甲公司不服该裁决结果，诉请人民法院要求无须支付工资差额。庭审中，甲公司主张，陈某在产检期间并未提供劳动，公司按照病假工资标准向其支付，已属于优待怀孕女职工，且扣发奖金亦有公司制度支持，故无须向陈某支付工资差额。人民法院经审理认为，怀孕女职工在劳动时间内进行产前检查，所需时间计入劳动时间。甲公司将陈某的产检期间视为病假，仅发放病假工资并比照病假待遇相应地扣发工资，没有法律依据，因此应当向陈某补足相应的工资差额。

【专家评析】

本案中，甲公司将陈某的产检时间视为病假，按病假标准发放工资，并参照病假待遇扣发陈某奖金的行为是违反法律法规中对“三期”女职工劳动权益特殊保护的，故应当按照陈某的正常工资标准予以补足。

需要提醒的是，随着企业管理规定的逐步完善成熟，女职工在进行产前检查时还应按照企业的考勤管理规定，履行必要的请假手续，并注意留存相关诊疗记录，避免因为程序和证据问题，影响自己孕期合法劳动权益的维护。

【法条指引】

女职工劳动保护特别规定

第六条　女职工在孕期不能适应原劳动的，用人单位应当根据医疗机构的证明，予以减轻劳动量或者安排其他能够适应的劳动。

对怀孕7个月以上的女职工，用人单位不得延长劳动时间或者安排夜班劳动，并应当在劳动时间内安排一定的休息时间。

怀孕女职工在劳动时间内进行产前检查，所需时间计入劳动时间。

▶ 8. 女职工产假期间工资待遇怎么算?

【宣讲要点】

女职工生育可享受98天产假，其中产前可以休假15天；难产的，增加产假15天；生育多胞胎的，每多生育1个婴儿，增加产假15天。女职工怀孕未满4个月流产的，享受15天产假；怀孕满4个月流产的，享受42天产假。产假期间，工资照发。女职工产假期间的生育津贴，对已经参加生育保险的，按照用人单位上年度职工月平均工资的标准由生育保险基金支付；对未参加生育保险的，按照女职工产假前工资的标准由用人单位支付。

【典型案例】

女青年彭某是在某外资企业打工的一名农民工，2012年12月，彭某在计划生育政策内怀孕。2013年8月5日，彭某在上班途中不慎跌倒，造成怀孕5个多月的胎儿流产。彭某报告了单位，希望能批准自己休1个月的产假。但单位答复按照企业规定，女工流产最长只能请假20天，并且这期间只能享受病假工资待遇，即职工工资的70%。彭某对此感到不理解。

【专家评析】

本案中，外资企业在对待女职工流产问题上犯了两个方面的错误：一是产假天数问题；二是产期工资待遇问题。根据《女职工劳动保护特别规定》第7条的规定，彭某怀孕5个月流产，可以享受42天的产假。但是，某外资企业按照所谓“企业规定”只允许彭某休假20天，侵犯了她的合法权益。关于产期工资待遇问题，《女职工劳动保护特别规定》第5条指出：“用人单位不得因女职工怀孕、生育、哺乳降低其工资、予以辞退、与其解除劳动或者聘用合同。”因此，某外资企业按70%的病假工资支付彭某的产期待遇，也违反了上述法律规定。

【法条指引】

女职工劳动保护特别规定

第七条　女职工生育享受98天产假，其中产前可以休假15天；难产的，增加产假15天；生育多胞胎的，每多生育1个婴儿，增加产假15天。

女职工怀孕未满4个月流产的，享受15天产假；怀孕满4个月流产的，享受42天产假。

第八条　女职工产假期间的生育津贴，对已经参加生育保险的，按照用人单位上年度职工月平均工资的标准由生育保险基金支付；对未参加生育保险的，按照女职工产假前工资的标准由用人单位支付。

女职工生育或者流产的医疗费用，按照生育保险规定的项目和标准，对已经参加生育保险的，由生育保险基金支付；对未参加生育保险的，由用人单位支付。

▶ 9. 女性农民工能否享受生育保险?

【宣讲要点】

生育保险是通过国家立法规定，在劳动者因生育子女而导致劳动力暂时中断时，由国家和社会及时给予物质帮助的一项社会保险制度。我国生育保险待遇主要包括两项：一是生育津贴，用于保障女职工产假期间的基本生活需要；二是生育医疗待遇，用于保障女职工怀孕、分娩期间等基本医疗保健需要。生育保险适用于我国境内一切国家机关、人民团体、企业、事业单位的女职工。

【典型案例】

高某是农村户口，在广东某市一家公司打工。该市已经实行生育保险统筹，高某所在的公司也愿意为她缴纳生育保险费。但是，该市社会保险局出台的《生育保险条例》却规定，只有具有该市户口的人能享受生育保险待遇（暂时在具有该市户口的职工中实行）。高某因为户口不在该市，就被排除在生育保险范围之外。

【专家评析】

我国劳动法规定：国家发展社会保险事业，建立社会保险制度，设立社会保险基金，使劳动者在年老、患病、工伤、失业、生育等情况下获得帮助和补偿。生育保险是通过国家立法规定，在劳动者因生育子女而导致劳动力暂时中断时，由国家和社会及时给予物质帮助的一项社会保险制度。我国生育保险待遇主要包括两项：一是生育津贴，用于保障女职工产假期间的基本生活需要；二是生育医疗待遇，用于保障女职工怀孕、分娩期间等基本医疗保健需要。生育保险适用于我国境内一切国家机关、人民团体、企业、事业单位的女职工。

由此可以看出，社会保险包括养老、失业、大病统筹、工伤、生育五大保险。由于社会保险实行的是属地原则、地方统筹，而各地的经济发展水平也不相一致，因此各地推行养老、失业保险制度，但是工伤、大病统筹、生育保险制度并未完全启动。尤其是生育保险，全国很多地方并未推行，职工生育发生的费用一般都是由所在单位承担。

本案中，高某所在城市已经实行生育保险统筹，在生育保险的支付上，就应当遵守国家有关规定。原劳动部《企业职工生育保险试行办法》第2条明确规定："本办法适用于城镇企业及其职工。"这里的"职工"既包括城镇职工，也包括农民工；既包括当地职工，也包括外地务工人员。因此，高某虽然是外地农村户口，仍有权享受当地的生育保险。该市关于"生育保险暂时在具有该市户口的职工中试行"的规定是与原劳动部《企业职工生育保险试行办法》规定的精神相违背的，应当由有关部门依法予以纠正。

【法条指引】

中华人民共和国劳动法

第七十条　国家发展社会保险事业，建立社会保险制度，设立社会保险基金，使劳动者在年老、患病、工伤、失业、生育等情况下获得帮助和补偿。

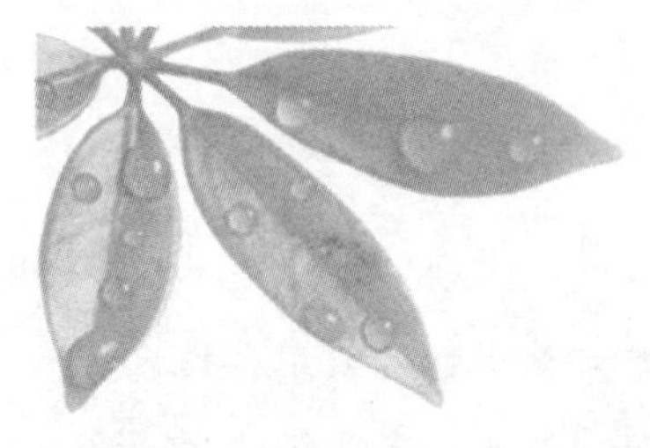

第六章 农民工的劳动争议处理

▶ 1. 劳动争议发生后能否直接向人民法院起诉？

【宣讲要点】

劳动争议是指劳动关系双方当事人因实现劳动权利和履行劳动义务而发生的纠纷。劳动争议发生后，当事人双方应通过合法的渠道和方式予以解决。我国的法律、法规、规章均对此作了明确规定。用人单位与劳动者发生劳动争议，当事人可以依法申请调解、仲裁、提起诉讼，也可以协调解决。同时，我国法律法规也规定，仲裁程序是劳动争议处理中的必经程序，一般而言，不经仲裁程序而直接向人民法院起诉，人民法院将拒绝受理。

【典型案例】

2001 年 1 月，某市化工厂雇用了 50 名农村工人，对其生产的香皂进行手工包装。双方签订了一份书面劳动合同。合同中规定，合同有效期为 2 年，从 2001 年 1 月至 2002 年 12 月，月工资 220 元。同年 6 月，厂里采纳了技术科的建议，决定购买香皂包装机械，实行自动化，这样不仅能够提高工作效率，从长远来看还节约资金。同年 11 月 25 日，香皂包装机械运到化工厂开始安装调试。厂里书面通知 50 名雇工，不久香皂机就要投入使用，希望他们能够及时重新联系工作，双方签订的合同只能履行 1 年，

2002年1月全部雇工应离开化工厂，厂里对此表示歉意，愿意给每个人1个月的工资作为补偿。但有的民工表示反对，认为既然签订劳动合同，就不能随意解除合同。厂里多次派人与这批人协商也没有达成一致意见。2002年1月，化工厂宣布劳动合同解除。赵某等十几名工人就向人民法院提起诉讼，要求保护他们的合法权益。人民法院认为劳动争议应先行仲裁，便告诉他们先到劳动争议仲裁委员会申请仲裁，对仲裁裁决不服的，才可以向人民法院起诉。

【专家评析】

首先，本案中，人民法院对于赵某等人起诉的处理是正确的，依据我国劳动法第79条及第83条的规定，仲裁是劳动争议处理的必经程序，只有不服仲裁裁决的，才可以向人民法院起诉。因此，本案属于劳动争议，应当先行仲裁。其次，依据我国劳动法第26条的规定，“有下列情形之一的，用人单位可以解除劳动合同，但是应当提前三十日以书面形式通知劳动者本人：……（三）劳动合同订立时所依据的客观情况发生重大变化，致使原劳动合同无法履行，经当事人协商不能就变更劳动合同达成协议的”。化工厂可以解除这份劳动合同，而且其处理也是合理合法的。本案中，合同订立时，化工厂并没有购买香皂包装机械，但由于购买了香皂包装机械使得化工厂需人工包装的情况不存在了，可以说“劳动合同订立时所依据的客观情况发生重大变化”。为此厂里也及时作了书面通知，并和工人多次进行协商，在未能达成一致意见的情况下，化工厂是可以解除劳动合同的。但劳动合同的解除，显然是化工厂的原因，因此应当给予工人适当的补偿。

【法条指引】

中华人民共和国劳动法

第二十六条　有下列情形之一的，用人单位可以解除劳动合同，但是应当提前三十日以书面形式通知劳动者本人：

（一）劳动者患病或者非因工负伤，医疗期满后，不能从事原工作也不能从事由用人单位另行安排的工作的；

（二）劳动者不能胜任工作，经过培训或者调整工作岗位，仍不能胜任工作的；

（三）劳动合同订立时所依据的客观情况发生重大变化，致使原劳动合同无法履行，经当事人协商不能就变更劳动合同达成协议的。

第七十七条 用人单位与劳动者发生劳动争议，当事人可以依法申请调解、仲裁、提起诉讼，也可以协商解决。调解原则适用于仲裁和诉讼程序。

▶ 2. 仲裁委员会已经作出裁决的劳动争议案件，人民法院能否就时效问题再进行审查？

【宣讲要点】

劳动争议发生后，当事人可以向本单位劳动争议调解委员会申请调解；调解不成，当事人一方要求仲裁的，可以向劳动争议仲裁委员会申请仲裁。当事人一方也可以直接向劳动争议仲裁委员会申请仲裁。对仲裁裁决不服的，可以向人民法院提起诉讼。据此，劳动争议的仲裁为诉讼的前置程序。但这并不意味着劳动争议的仲裁具有排斥司法裁判的效力。劳动争议作为一种民事争议，在处理的过程中，司法裁判具有最高的权威和至上的效力。劳动争议的仲裁不论在实体上还是在程序上，都应当接受司法的审查。

【典型案例】

王某是农村户口，高中毕业后待业在家。2000 年 11 月，王某到县城某销售公司工作。双方签订了为期 3 年的劳动合同。在劳动合同中约定，王某每月完成的销售额超过 5 万元，超出部分提成 3%，年终结算。2003 年 1 月至 10 月期间，王某共超额完成销售任务 35 万元，应得奖金 10500

元。2003年11月8日，王某与公司的劳动合同终止，双方未续签合同。王某停止到公司上班，公司未按约定支付王某的提成奖金。2004年2月5日，王某向当地劳动争议仲裁委员会提出仲裁申请，并称自己曾在2004年1月15日到公司索要应得奖金，公司负责人口头答复：一周内支付，有在场的同事证明。仲裁庭据此认定：2003年11月8日为王某与某公司发生劳动争议日。2004年1月15日，王某到公司索要应得奖金并得到公司负责人的口头承诺，仲裁时效中断。新的仲裁时效从公司负责人承诺的支付期限届满后，即2004年1月22日起算。王某于2004年2月5日提请仲裁，并未超过诉讼时效，其合法权益应当受到保护。仲裁庭经合议后作出裁决：由某公司支付王某提成奖金10500元。某公司不服仲裁裁决，向人民法院提起诉讼，主张王某的仲裁申请已经超过仲裁时效，其请求不应当得到支持，对仲裁委员会的裁决应当由人民法院依法予以纠正。人民法院经审理后查明：王某主张自己于2004年1月15日曾到公司索要奖金，公司负责人曾口头承诺支付奖金，并有同事证明，但公司经理予以否认，王某亦未取得公司同事的书面证言。

【专家评析】

劳动争议发生后，当事人可以向本单位劳动争议调解委员会申请调解；调解不成，当事人一方要求仲裁的，可以向劳动争议仲裁委员会申请仲裁。当事人一方也可以直接向劳动争议仲裁委员会申请仲裁。对仲裁裁决不服的，可以向人民法院提起诉讼。据此，劳动争议的仲裁为诉讼的前置程序。但这并不意味着劳动争议的仲裁具有排斥司法裁判的效力。劳动争议作为一种民事争议，在处理的过程中，司法裁判具有最高的权威和至上的效力。劳动争议的仲裁不论在实体上还是在程序上，都应当接受司法的审查。

本案中，王某与某公司签订了劳动合同，某公司应当按照合同的约定支付王某的提成奖金。仲裁结果在实体上是正确的。但王某应当在法律规定的时效期间内主张其实体权利。根据劳动法的规定，提出仲裁要求的一方应当自劳动争议发生之日起60日内向劳动争议仲裁委员会提出书面申请。王某与某公司发生劳动争议的时间为双方的劳动合同终止日，即2003年11月8日，王某应当在60日内，即2004年1月8日前提出仲裁申请。王某未在此时效期间内提出申请，而是迟至2004年2月2日才提请仲裁，已经超出了仲裁时效，丧失了胜诉权。仲裁裁决对王某的仲裁请求予以支持，在程序上是有错误的，人民法院应当依法予以纠正。

按照民法通则第140条的规定，诉讼时效期间的中断应当具备一定的法定事由，包括：提起诉讼、当事人一方提出要求或者同意履行义务。从中断之日起，诉讼时效期间重新计算。本案中，王某主张其曾在2004年1月15日到公司索要应得奖金，但不能提供相关佐证，无法采信，所以不能认为本案中存在诉讼时效的中断。某公司的诉讼请求应当得到支持。

【法条指引】

中华人民共和国劳动法

第七十九条 劳动争议发生后，当事人可以向本单位劳动争议调解委员会申请调解；调解不成，当事人一方要求仲裁的，可以向劳动争议仲裁委员会申请仲裁。当事人一方也可以直接向劳动争议仲裁委员会申请仲裁。对仲裁裁决不服的，可以向人民法院提起诉讼。

第八十二条 提出仲裁要求的一方应当自劳动争议发生之日起六十日内向劳动争议仲裁委员会提出书面申请。仲裁裁决一般应在收到仲裁申请的六十日内作出。对仲裁裁决无异议的，当事人必须履行。

▶ 3. 劳动争议当事人申请强制执行已经生效的仲裁裁决，人民法院是否有权不予执行？

【宣讲要点】

对依法设立的仲裁机关的裁决，一方当事人不履行的，对方当事人可以向有管辖权的人民法院申请强制执行。受申请的人民法院应当执行。人民法院在受理仲裁裁决的强制执行申请后，有权对仲裁裁决的实体和程序部分进行审查。对于程序或实体上有错误的仲裁裁决，人民法院有权不予执行。

【典型案例】

农民工李某于2013年10月与某外资企业签订了劳动合同，到该企业上班。由于该企业未按合同的约定期限结算李某的工资，李某在向企业多次交涉未果的情况下，向当地劳动争议仲裁委员会提请仲裁。当地劳动争议仲裁委员会在经多次调解未果的情况下，作出仲裁裁决：由某企业按照劳动合同的约定支付李某的工资。某企业在法定期限内未提起诉讼，也未履行当地劳动争议仲裁委员会作出的仲裁裁决。后李某向当地人民法院申请强制执行仲裁裁决。当地人民法院在对李某的强制执行申请进行审查时查明，李某与某企业签订的劳动合同中没有有关的仲裁条款，事后双方也没有达成仲裁协议。

【专家评析】

根据我国法律规定，劳动争议当事人对仲裁裁决不服的，可以自收到仲裁裁决书起15日内向人民法院提起诉讼。一方当事人在法定期限内不起诉又不履行仲裁裁决的，另一方当事人可以申请人民法院强制执行。民事诉讼法第237条第1款规定："对依法设立的仲裁机构的裁决，一方当事人不履行的，对方当事人可以向有管辖权的人民法院申请执行。受申请的人民法院应当执行。"人民法院在受理仲裁裁决的强制执行申请后，有权对仲裁裁决的实体和程序部分进行审查。对于程序或实体上有错误的仲裁裁决，人民法院有权不予执行。

本案中，李某与某外资企业之间的劳动争议已经劳动争议仲裁委员会作出仲裁裁决，该仲裁裁决事实清楚，适用法律正确，在实体和程序上均没有错误，人民法院应当依李某的申请予以强制执行。

【法条指引】

中华人民共和国劳动法

第八十三条 劳动争议当事人对仲裁裁决不服的，可以自收到仲裁裁决书之日起十五日内向人民法院提起诉讼。一方当事人在法定期限内不起诉又不履行仲裁裁决的，另一方当事人可以申请人民法院强制执行。

中华人民共和国民事诉讼法

第二百三十七条第一款 对依法设立的仲裁机构的裁决，一方当事人不履行的，对方当事人可以向有管辖权的人民法院申请执行。受申请的人民法院应当执行。

▶ 4. 仲裁机构不予受理的劳动争议，人民法院能否受理？

【宣讲要点】

我国劳动法将仲裁设置为诉讼的前置程序，其立法初衷便是通过仲裁的途径来解决大量的劳动纠纷，避免过多的劳动纠纷进入诉讼程序，造成诉累。仲裁机构对不符合受理条件的劳动纠纷，决定不受理当事人的仲裁申请，正是实现这一立法初衷的重要途径。

【典型案例】

高某于2002年8月到某工厂参加工作，并与工厂签订了为期3年的劳动合同。2005年5月，高某参加成人高等教育考试，考取了某大学成人教育学院中文专业。同年8月，高某以劳动合同到期为由，向工厂提出辞职。工厂认为高某是技术骨干，不同意高某辞职，并告知高某：如果其辞职，将扣发高某的部分奖金和工资。高某经多次与工厂协商，均未能达成一致意见。2005年9月，高某离开工厂，到某大学报到。工厂扣发了高某第三季度的奖金和8、9月份的工资。2006年1月，高某于寒假期间，到某工厂索要工资和奖金，遭到拒绝。高某向当地劳动争议仲裁委员会提请仲裁。仲裁委员会以高某的仲裁申请超过仲裁时效为由，裁定不予受理。高某向当地人民法院提起诉讼，请求判决某工厂支付自己的工资和奖金。

【专家评析】

我国劳动法将仲裁设置为诉讼的前置程序，其立法初衷便是通过仲裁的途径来解决大量的劳动纠纷，避免过多的劳动纠纷进入诉讼程序，造成诉累。仲裁机构对不符合受理条件的劳动纠纷，决定不受理当事人的仲裁申请，正是实现这一立法初衷的重要途径。如果仲裁机构不予受理的决定是错误的，当事人又受到仲裁作为解决劳动争议的诉讼前置程序的限制，不能通过司法途径救济其受到侵犯的合法权益，这是立法上难以绝对规避的风险。在本案中，高某的仲裁申请已经超过了劳动法规定的仲裁时效，所以仲裁机构对其仲裁申请决定不予受理。如果人民法院受理了本案，必然会对劳动争议进行裁判。这样，劳动法设立的仲裁时效制度就失去了意义。劳动法所称的“仲裁裁决”是狭义上的仲裁裁决，不包括劳动争议仲裁机构作出的不予受理决定。当事人在仲裁机构决定不受理其仲裁申请的情况下，同时也丧失了劳动争议的诉权。如果当事人向人民法院起诉，人民法院应当驳回。

【法条指引】

中华人民共和国劳动法

第八十二条　提出仲裁要求的一方应当自劳动争议发生之日起六十日内向劳动争议仲裁委员会提出书面申请。仲裁裁决一般应在收到仲裁申请的六十日内作出。对仲裁裁决无异议的，当事人必须履行。

最高人民法院关于审理劳动争议案件适用法律若干问题的解释

第三条　劳动争议仲裁委员会根据《劳动法》第八十二条之规定，以当事人的仲裁申请超过六十日期限为由，作出不予受理的书面裁决、决定或者通知，当事人不服，依法向人民法院起诉的，人民法院应当受理；对确已超过仲裁申请期限，又无不可抗力或者其他正当理由的，依法驳回其诉讼请求。

▶ 5. 在诉讼过程中，用人单位能否变更对劳动者的处理决定？

【宣讲要点】

诉讼过程中，人民法院要对仲裁裁决所依据的事实和理由进行审查，在此期间，不能随意变更审理的内容，使用人单位提出的新的事实和理由未经仲裁裁决就进入诉讼程序。

【典型案例】

农民工侯某于2000年11月与某公司签订了为期2年的劳动合同。2001年3月，侯某结婚。2002年11月，双方的劳动合同届满，某公司通知侯某，劳动合同不再续延。侯某向公司提交了医院出具的诊断证明，证实自己已经怀孕，按照劳动法的规定，公司不能终止与自己的劳动合同。某公司对此未予理会，强行解除了与侯某的劳动合同，侯某的工作岗位被他人接替，并停发了侯某的工资。2002年12月，侯某向当地劳动争议仲裁委员会提请仲裁。劳动争议仲裁委员会经审理后裁决：某公司终止与侯某的劳动合同的行为无效，劳动合同的效力顺延至侯某的哺乳期满为止。某公司对仲裁裁决不服，向人民法院起诉。在起诉书中，某公司称：侯某在工作期间经常迟到、早退，不能按时完成公司安排的工作任务，并与公司负责人多次发生争执，严重违反了公司的规章制度，请求依法解除与侯某的劳动合同。

【专家评析】

本案中，侯某与某公司劳动合同届满时，侯某正在怀孕期间，按照劳动法和劳动合同法有关规定，双方的劳动合同不能终止。这时，双方不需要订立新的劳动合同，原劳动合同的效力自动顺延至哺乳期满。某公司坚持解除与侯某的劳动合同的做法是错误的。在劳动合同的存续期间，女职工虽然享有劳动法规定的各项权利，同时也应当遵守用人单位的劳动纪律和规章制度。如果侯某具有某公司所说的劳动法第25条规定的严重违反劳动纪律和用人单位规章制度的行为，在她怀孕期间，某公司也有权终止期限届满的劳动合同。

侯某怀孕期间，劳动合同期限届满，某公司坚持终止合同而发生争议。该争议经仲裁裁决，某公司终止劳动合同的行为无效后，某公司在向人民法院起诉时提出了新的解除劳动合同的理由：侯某在工作期间严重违反公司的规章制度，依法应解除劳动合同。这相当于某公司对侯某以新的理由作出了一个新的处理决定。该决定未经劳动者提出异议和劳动争议仲裁机构裁决，就直接进入了诉讼程序，违反了劳动法关于仲裁为诉讼前置程序的规定。诉讼过程中，人民法院要对仲裁裁决所依据的事实和理由进行审查，在此期间，不能随意变更审理的内容，使用人单位提出的新的事实和理由未经仲裁裁决就进入诉讼程序。某公司基于新的理由对侯某作出的解除劳动合同的决定，是一个新的决定，该决定在第一个处理决定（终止到期的劳动合同）的法律效力尚未确定的情况下，没有法律效力，对侯某没有约束力。所以，本案中，人民法院仍应对某公司的前一个处理决定进行审查。在前一个处理决定的法律效力确定，劳动争议得到解决之后，用人单位可以依据新的理由对侯某重新作出处理决定。侯某不服的，可以向劳动争议仲裁委员会提请仲裁。一方当事人对仲裁裁决不服的，可以提起诉讼。

【法条指引】

中华人民共和国劳动法

第七十九条　劳动争议发生后，当事人可以向本单位劳动争议调解委员会申请调解；调解不成，当事人一方要求仲裁的，可以向劳动争议仲裁委员会申请仲裁。当事人一方也可以直接向劳动争议仲裁委员会申请仲裁。对仲裁裁决不服的，可以向人民法院提起诉讼。

第八十二条 提出仲裁要求的一方应当自劳动争议发生之日起六十日内向劳动争议仲裁委员会提出书面申请。仲裁裁决一般应在收到仲裁申请的六十日内作出。对仲裁裁决无异议的，当事人必须履行。

▶ 6. 用人单位不按约定返还工作抵押金，应当如何处理?

【宣讲要点】

农民工与用人单位的劳动合同解除后，双方之间已经不存在劳动合同履行的争议。用人单位拖延返还工作抵押金，在当事人之间形成以该工作抵押金的返还为内容的新的债权和债务关系。因债务的履行而发生的争议属于一般的民事经济纠纷，当事人向人民法院起诉，由人民法院依法受理。

【典型案例】

农民工何某于2013年8月到某旅游公司应聘担任导游。该公司提出：到该公司担任导游，必须先缴纳公司规定的工作抵押金。何某为尽快地找到工作，便向单位缴纳了3000元工作抵押金。双方签订了劳动合同，并在劳动合同中约定：该抵押金在何某离开该旅游公司半年后返还给何某。2013年11月，何某向该旅游公司提出辞职申请，经公司同意，双方解除了劳动合同关系。2014年5月，何某要求该旅游公司返还当初缴纳的工作抵押金，但公司以种种理由拖延返还。同年6月，何某向当地人民法院提起诉讼，要求某旅游公司按照劳动合同的约定，返还其缴纳的工作抵押金。

【专家评析】

在本案中，当事人之间的劳动合同关系已经解除，双方之间已经不存在劳动合同履行上的争议。在当事人双方解除劳动合同后，某旅游公司拖延返还工作抵押金，在此基础上产生了一个财产返还之债，在当事人之间形成了以该工作抵押金的返还为内容的新的债权和债务关系。因债务的履行而发生的争议属于一般的民事经济纠纷，当事人向人民法院起诉，由人民法院依法受理。同时，人民法院直接受理本案，尊重了当事人的选择权，有利于及时保护劳动者的合法权益，避免了仲裁机构和人民法院在受理问题上相互推诿，损害当事人的利益，使当事人的合法权益得不到及时的救济。从保护当事人诉讼权利和实体权利的角度出发，本案可以由人民法院依法受理。

我国劳动合同法第 9 条规定："用人单位招用劳动者，不得扣押劳动者的居民身份证和其他证件，不得要求劳动者提供担保或者以其他名义向劳动者收取财物。"第 84 条第 2 款规定："用人单位违反本法规定，以担保或者其他名义向劳动者收取财物的，由劳动行政部门责令限期退还劳动者本人，并以每人五百元以上二千元以下的标准处以罚款；给劳动者造成损害的，应当承担赔偿责任。"在本案中，某旅游公司在与何某签订的劳动合同中关于工作抵押金的约定违反了法律规定，没有法律效力。在此基础上，也产生了一个财产返还之债，并与因某旅游公司不按照劳动合同的约定返还押金而产生的返还之债在标的上重合。据此，劳动行政部门应当责令某旅游公司限期返还何某 3000 元的工作押金，并对其处以 500 元以上 2000 元以下罚款。在何某提起诉讼的情况下，人民法院应依法判决某旅游公司返还押金。

【法条指引】

中华人民共和国劳动合同法

第九条　用人单位招用劳动者，不得扣押劳动者的居民身份证和其他证件，不得要求劳动者提供担保或者以其他名义向劳动者收取财物。

第八十四条　用人单位违反本法规定，扣押劳动者居民身份证等证件的，由劳动行政部门责令限期退还劳动者本人，并依照有关法律规定给予处罚。

用人单位违反本法规定，以担保或者其他名义向劳动者收取财物的，由劳动行政部门责令限期退还劳动者本人，并以每人五百元以上二千元以下的标准处以罚款；给劳动者造成损害的，应当承担赔偿责任。

劳动者依法解除或者终止劳动合同，用人单位扣押劳动者档案或者其他物品的，依照前款规定处罚。

▶ 7. 劳动行政部门不履行保护人身权、财产权法定职责的，农民工可否提起行政诉讼？

【宣讲要点】

行政诉讼是指公民、法人或其他组织认为作为行政主体的行政机关或法律授权的组织所实施的具体行政行为侵犯其合法权益，依法向人民法院起诉，人民法院对被诉行为的合法性进行审查，并依法作出裁决的活动。在劳动法律关系中，也涉及劳动行政关系，也会发生行政诉讼。保护劳动者的人身权和财产权，是行政机关的职责，当农民工的人身健康权、劳动安全权受到威胁和侵犯时，有权申请社会保障行政部门履行支付退休金、待业救济金、工伤保险金等社会待遇的法定职责，社会保障行政部门拒绝履行或不予答复的，农民工可以提起行政诉讼。

【典型案例】

郭某是某建材厂的合同制农民工，他认为建材厂有违反劳动法律、法规，滥用职权，停发及乱扣其经济收入的行为，向某县社保局递交书面申请，请求社保局给予答复。但是，两个多月过去了，社保局对郭某的申请不予答复。郭某遂以其不履行保护人身权、财产权的法定职责为由，向县人民法院提起行政诉讼，请求责令其履行其法定职责。被告某县社保局则辩称，被告已将原告的申请作为人民来信转交有关部门处理，依法履行了自己的法定职责，因而原告的起诉不成立。县人民法院经审理查明，原告写了一份反映其所在的建材厂有违反劳动法律法规的行为，要求县社保局依法调查处理的申请，县社保局局长孙某在此信上批示："将此文转交有关部门处理。"事后，既未对申请信中所反映的问题进行监督检查，也未给郭某本人作出答复。县人民法院据此判决，责成被告某县社保局依法对某建材厂遵守劳动法律、法规的情况进行监督检查，并在2个月内对原告郭某本人作出书面答复。案件受理费100元，其他诉讼费用200元，由被告承担。宣判后，原告、被告均未提出上诉。

【专家评析】

我国劳动法第88条第2款规定："任何组织和个人对于违反劳动法律、法规的行为有权检举和控告。"原告郭某认为建材厂违反劳动法律、法规，侵害了自己的合法权益，写信要求查处，是行使公民的正当权利。劳动法第9条第2款规定："县级以上地方人民政府劳动行政部门主管本行政区域内的劳动工作。"本案中，郭某就劳动工作方面的问题向县社保局投诉，是适当的。劳动法第85条规定："县级以上各级人民政府劳动行政部门依法对用人单位遵守劳动法律、法规的情况进行监督检查，对违反劳动法律、法规的行为有权制止，并责令改正。"第86条规定了劳动行政部门执行监督检查公务的权力，以及对用人单位违反劳动法律、法规的行为进行处理的各种权限。这些规定说明，某县社保局有责任、也有权力对用人单位遵守劳动法律、法规的情况进行监督、检查和处理。劳动法第87条规定："县级以上各级人民政府有关部门在各自职责范围内，对用人单位遵守劳动法律、法规的情况进行监督。"而县社保局把要求查处违法行为的来信批转有关部门去处理，自己既不履行监督检查的职责，也不向有关部门了解监督的结果如何，并且不给来信人答复，不能认为其已履行了法定职责，否则，法律赋予公民的检举、控告的权利就会形同虚设。因此，县社保局关于已经履行了法定职责的辩解理由，不能成立。

【法条指引】

中华人民共和国劳动法

第八十五条 县级以上各级人民政府劳动行政部门依法对用人单位遵守劳动法律、法规的情况进行监督检查，对违反劳动法律、法规的行为有权制止，并责令改正。

第八十六条 县级以上各级人民政府劳动行政部门监督检查人员执行公务，有权进入用人单位了解执行劳动法律、法规的情况，查阅必要的资料，并对劳动场所进行检查。

县级以上各级人民政府劳动行政部门监督检查人员执行公务，必须出示证件，秉公执法并遵守有关规定。

第八十七条 县级以上各级人民政府有关部门在各自职责范围内，对用人单位遵守劳动法律、法规的情况进行监督。

第八十八条 各级工会依法维护劳动者的合法权益，对用人单位遵守劳动法律、法规的情况进行监督。

任何组织和个人对于违反劳动法律、法规的行为有权检举和控告。